JN037314

生の仏教哲学

親鸞と空海を読む

立川武蔵

角川選書
665

はじめに

生まれると同時に人は死への旅を始めます。生きているかぎりすべての人にとって生は死への歩みなのです。この死にどのように対処すべきなのかということが、ゴータマ・ブッダの最大のテーマでした。

生きることは行為をするということです。その行為は必ず対象を必要とします。ものを生産する場合でも消費する場合でも、行為は対象に対する行為ですが、そのような行為の主体と対象との総体をわれわれは「世界」と呼んでいます。

何もしていない場合、物思いに沈んでいるときでもわれわれは何らかの行為をなしているのです。行為は必ず時間の中で行われます。人は行為をしながら「時の火」（サンスクリットで「カーラ・アグニ」）を燃やしつつ死への道を歩むのです。

死とは死者にのみ存するものではありません。生きているわたしたちも毎日、死を思って、あるいは感じて暮らしています。ネコやゾウは死期が近づくとどこかに去ってしまうそうです。これは俗説のようですが、ともあれ動物も自分の死を感じとるのだとは思います。しかし自らの死をいつも意識している動物はヒトでしょう。

近年、「後期高齢者」という言葉をよく聞きますが、このように呼ばれている者たちは死が抗《あらが》いがたい力で近づいていることを知っています。高齢者たちには、自分の命の多く、あるいはほとんどの部分がなくなっていることが分かっています。ヒトは心肺停止において決定的な死を迎えますが、それ以前においても、老いた人も若い人も、度合いの違いはありますが、死者なのです。

わたしは、死後の世界が実在すると信じてはいません。わたしたち生きている者がこの世で問題にすることができるのは、われわれの予期する死と記憶にある死者たちです。死者たちはわれわれの生きるこの娑婆《しゃば》世界に訪れてきます。あるいは、そのようにわれわれは表象しています。

歳を重ねると、自分の知っていた人の中で、もうこの世にいない人の方が多くなります。生きている者たちを訪れる亡き人の存在にどのように向き合うのか。つまり、生きている者たちが死者たちにどのように向き合うのか、という問題も生者が考えざるをえない問題の一つです。

われわれはこの世とあの世、すなわち生者の世界と死者の世界の間で生きています。あの世とこの世の間にある生と死との交わりは、仏教が扱ってきた問題でもあります。仏教にとって世界とは、生命あるものと死の世界が交差する場でもありました。そこでは、生者の世界と死者の世界との交わりがあるのです。ここにいう「死の世界」とは実在すると考えられた死後の世界のことではありません。

死後の生あるいは魂のことに関しては、ゴータマ・ブッダはほとんど語りませんでした。このようなブッダの態度はブッダの死後、一、二世紀は保たれていたのですが、紀元前後には死後の世界が存在すると信じた仏教徒も少なからずいたようです。仏教においても輪廻《りんね》の思想は信じられるようになっていました。このような状況の中で浄土教が生まれてきます。死後、人の魂は浄土に生まれることができるという信仰です。阿弥陀仏《あみだぶつ》というほとけ（尊格）が亡くなった者の魂を、輪廻の輪から脱出させて、自らの国である極楽浄土に生まれさせるというのです。

その後、浄土信仰は中国において盛んとなり、日本の法然《ほうねん》や親鸞《しんらん》によって日本浄土教が確立されました。親鸞の思想の核心は、釈迦《しゃか》の出世は阿弥陀仏の本願を明らかにするためであったということです。すなわち、阿弥陀仏は釈迦に先行する存在だというのです。親鸞はそのことを『正信偈《しょうしんげ》』においてはっきりと述べています。

一方、浄土教の伝統は器世間《きせけん》つまり山川草木についてはあまり関心を払いませんでした。時代が下るにつれて、大乗仏教はヒトのみではなく動物や草木つまり生類が生き物であるという認識を持つようになりました。もちろん古代の大乗仏教において近・現代におけるような自然の概念はありませんでした。しかし、大乗仏教、特に密教はこの世界が生命体であると考えていました。世界が生命体であることを空海は「世界が大日如来の身体である」と述べたのです。

大乗仏教にあっては、死の取り扱いは主として浄土教において、世界における生の問題は主に密教において扱われたといえるでしょう。

本書においては、浄土教に属する思想家として親鸞を、密教思想の代表として空海の考え方を取り上げようと思います。この二巨人の多数の著作の中から、親鸞の『教行信証』の一部である「正信偈」と、空海の『即身成仏義』を読んでいきましょう。

この二人の考え方は大きく異なりますが、今述べた二つの著作は両人の思想の違いを明快に浮き上がらせてくれるはずです。

目次

第一章　インド思想から日本仏教へ

古代インド宗教史

大乗仏教における阿弥陀《あみだ》信仰と大日信仰をインド宗教史の歴史的背景から考えてみましょう。インドの宗教史あるいは思想史は六期に分けて考えられます。

インドの宗教史六期のうちの第一期は、紀元前二五〇〇年頃から前一五〇〇年頃までのインダス文明の時代です。第二期は紀元前一五〇〇年頃から前五〇〇年頃までの時代であり、ヴェーダ聖典に基づいてバラモン僧たちが儀式を行っていたヴェーダの宗教の時代です。

紀元前五〇〇年頃から後六五〇年頃までが第三期です。これは仏教やジャイナ教などの非アーリア的な文化・宗教が比較的勢力を持った時代です。

六五〇年頃から一二〇〇年頃までの間の時代をヒンドゥー教の時代と呼びますが、これが第四期です。一二〇〇年頃から一八五〇年頃までが第五期です。イスラム教徒による政治的支配の時代です。一八五〇年頃から今日までの時代は、近代ヒンドゥー教の時代、あるいはヒンドゥー教復興の時代といえます。これが第六期です。

パンジャブ地方に侵入したインド・アーリア人たちの間で、ヴェーダ聖典が編纂《へんさん》されました。アーリア人たちが五河地方に入って来た後には、神々への歌を詠む職業的な歌い手が徐々に育っていました。この職業的な歌い手たちはやがて一つの階層へと成長して、バラモン階級になったのです。

北西インドに入ったアーリア人たちは北西インドから東インドまでを千年をかけて開拓していきました。その結果、彼らの生活形態にはかなりの変化があり、人々の考え方も変わっていったのです。都市に生活するようになった人々には精神的な余裕が出てきました。「私が死ねば自分はどうなるのか」、「どうすれば悟りあるいは精神的救済を得られるのか」というようなことを人々は考え始めました。個々人の「魂の救済」に関する疑問にヴェーダ祭式は対応できませんでした。このような状況の中で仏教やジャイナ教が生まれたのです。

インド仏教の歴史は、次の三期に分けられます。

①仏教誕生から紀元前後までの初期仏教
②紀元前後から六五〇年頃までの中期仏教
③六五〇頃年から一三、四世紀（あるいは、インド亜大陸における仏教消滅）までの後期仏教

初期仏教の形態は、今日の東南アジアに流布しているテーラヴァーダ仏教（上座仏教）と近いものだったと思われます。

枢軸の時代

死は個々の人間に訪れます。シャカ族の太子ゴータマの問題は、死ななければならない人間

の在り方にどう向かうかということでした。紀元前六〇〇年頃から紀元前後までのユーラシア世界には一つの大きな精神的な変化が起きましたが、その変化は個体の在り方、さらには個々人の死の問題と関係していました。

ドイツの哲学者のカール・ヤスパース（一八八三〜一九六九）は紀元前八〇〇年頃から前二〇〇年頃までを「枢軸《すうじく》の時代」と名づけ、人類の思想史における釈迦《しゃか》（ブッダ）、孔子、ソクラテスといった人たちの思想史上の位置を指し示しました。これらの先達、さらに「枢軸の時代」の後に出たイエスを含めてすべて個（個体）の問題を扱ったのです。

個々の人間には親族や社会があります。しかし、誰もが一人ひとり死んでいかなくてはなりません。個々の人の魂をどのように救うのかという問題を、釈迦、イエスたちは扱っています。このような精神の態度は、先ほど述べたようにヴェーダ祭式のそれとは異なります。ヴェーダの祭式では現世利益が主たる目的であったのです。

仏教はインドの中で勢力を拡大していきましたが、仏教をサポートしたのは商人たちです。紀元前後から紀元後五世紀頃までは、インド商人は西ローマのローマ世界と交易をして財を蓄積していきました。五世紀の半ば過ぎに西ローマ帝国が崩壊します。交易相手を失ったインド商人階級は没落し経済力を失います。六世紀中葉のグプタ朝崩壊に伴い、商人たちの勢力はますます弱まっていきました。商人の支えを失った仏教は勢力を弱めていったのですが、ヒンドゥー教は力を増大させていきました。

グプタ朝が崩壊すると、それまで北インドにおいて権力、財力を誇っていた北インドの貴族・豪族たちは地方に落ちていきます。それらの人たちがグプタ朝の中央文化を持って南インドの方に流れていき、それぞれの地方文化との結びつきを深めていったのです。このようにして、六五〇年頃以降、インドは農業を中心とした世界へと戻っていきます。

七世紀中葉を境として、仏教やジャイナ教などの非アーリア系の文化の勢力とヒンドゥー教を中心とするアーリア系文化の勢力の交代劇がありました。インド後期大乗仏教において重要な位置を占める密教もこの交代劇と関係します。仏教が勢力を失ってヒンドゥー教が勢力を得たことと密教（仏教タントリズム）の台頭とはおおよそ同じ時期のことです。七世紀中葉以降、インドは群雄割拠の時代に入っていきます。その後、一三世紀以降の仏教消滅までのインドでは、仏教を保護する中央集権的な国家は生まれませんでした。仏教が勢いを失っていく一方、ヒンドゥー教はますます勢力を強めていったのです。

すでに述べたように、世界的規模で見るならばほぼ同じ時期に、ブッダ、孔子、ソクラテスが現れており、この三人は個々人の魂の問題を浮かび上がらせました。

一方、この三人の思想と、後のイエスのそれとはかなり違います。孔子たち三人は神に自分の魂を託すことはしませんでした。ブッダは基本的にヨーガ行者《ぎょうじゃ》であり、孔子は天について語ったのですが、特定の人格神に帰依したわけではありません。ソクラテスも人格神への信仰に生きた人物ではありませんでした。イエスは天地を創造した神との「交わり」の中に生きていました。自身の知力などに頼るのではなくて、神という他者への帰依を持ち続けたのです。このように孔子たち三人の生き方とイエスのそれとは異なっています。

ブッダの死

仏教における阿弥陀信仰は紀元前後に生まれました。この信仰の在り方はそれまでのブッダの説いた修行方法とはかなり違います。ヒンドゥー教においても、人格を有する神と対話をしながら死後の魂を託すという信仰が同じ一、二世紀頃に現れてきます。こうした人格神に託すという信仰の在り方は、それまでのインドには——バラモン教も含めて——ありませんでした。人格神に己《おの》が魂の救済を託すという信仰は西アジアからの間接的な影響も考えられます。だからといって、阿弥陀信仰は仏教ではないとはいえません。むしろ仏教は阿弥陀信仰を中心とする浄土教や、大日如来への信仰を中心とする密教を含んだからこそ内容の豊かなものになったのです。

ゴータマ・ブッダが亡くなると周囲から八つの部族が集まって盛大な葬儀が行われ、ブッダの遺骨を分けて仏塔を造りました。この時から現在に至るまで、仏塔はゴータマ・ブッダの涅《ね》槃《はん》の象徴として存続してきました。人々は仏塔に供物を捧げて礼拝しましたが、死後の魂を救ってくれる存在として供養したのではありませんでした。

ゴータマ・ブッダは弟子の阿《あ》難《なん》に対して「自分は浄土に行く」などとはいわずに「お前たち

は修行しなさい」といって亡くなったのです。

しかしその後、何百年か経《た》つと、私が救ってあげるから私の名前を呼びなさいと説く阿弥陀仏のような存在が現れます。このようにゴータマ・ブッダのような求道の立場と、阿弥陀仏のような救いの信仰の二つの在り方が仏教には並行することとなります（それは仏教がなし得た輝かしい総合であって、矛盾ではないと思われます）。

初期大乗仏教の時代（紀元二、四世紀）となると、人々は次のように考え始めました。

「シャカ族の太子として生まれブッダ（覚者）となられた方の肉体は消滅してしまったが、ブッダご自身はどこかに居て説法をされているのかもしれない、あるいはブッダはまたすがたを現してわれわれを導いてくださるに違いない」

涅槃後のブッダのすがたや働きが問題とされるようになったのです。

大乗仏教の展開に伴って、仏教はそれまでとは異なる新しいブッダ観を有するようになります。ブッダが再び自分たちの前にすがたを見せてくれるに違いない、といった信仰が大乗仏教徒の中に生まれたのです。

阿弥陀仏の起源

初期インド仏教から大乗仏教にかけて、ブッダの性格・職能は大きく異なりました。死後、自分たちはどこに行くのかという問題が仏教の中でも大きく取り上げられるようになったのです。

ブッダは老死の問題に悩んで出家しました。しかし、ブッダは人の魂は死後どこに行くのかという問題に対して明確には答えませんでした。ブッダにとっては生きている間に悟りを開くことが重要であったのです。仏滅後、二、三世紀の間仏教教団はブッダが説いたそのような態度を保っていたようです。しかし、時代とともに人々は死後の魂の行方を問題にし始めました。

死後における魂の行方という、この新しい問題に対する答えを、人々はゴータマ・ブッダの教えの中では見つけることはできませんでした。このようにして仏教において広い意味での「帰依（バクティ：bhakti）」という型の信仰が始まったのです。

この新しいかたちの信仰を奉ずる人々は、阿弥陀仏の名前を称《とな》えれば、阿弥陀仏の国に生まれることができる、と主張しました。このような崇拝のかたちは『阿弥陀経』などの浄土経典に述べられています。『阿弥陀経』の原形は紀元前から徐々に形成されており、この経典の現在のかたちは紀元後一世紀、おそくとも二世紀の初めにはできあがっていたと考えられます。後で述べるように、この新しい救済の方法は仏教におけるのみではなく、ほとんど同じ時期にヒンドゥー教においても見られました。

仏あるいは神の名を称えること（称名）は、すでに『増一阿含経《ぞういちあごんきょう》』などの初期仏教経典にも述べられており、浄土教の専有ではありません。ヒンドゥー教において神の名前を称え続けること（キールタナ）は一種の勤行です。ヴィシュヌ、シヴァなどの神々には千の名前（サハスラナーマ）があり、それらを称えるのです。神の名を称える実践（行）は、仏教やヒンドゥー教においてかなり古くから知られていました。

阿弥陀仏の起源に関しては二つの考え方があります。一つはゴータマ・ブッダの初期仏教の発展上に阿弥陀仏を考えるという立場です。ゴータマ・ブッダの開いた仏教が紀元前にもさまざまに変化しましたが、その中で仏陀のイメージも変わっていきます。この変化の中で阿弥陀の成立が考えられるというのです。

もう一つは、阿弥陀信仰が起きてくる紀元前後頃には、間接的にではありましょうが、西アジアの宗教からの影響があったのであろうと考える立場です。わたし自身は後者の見解に賛成です。もっとも西アジアの宗教の影響といっても、例えば極楽（スカーヴァティー）の原形がペルシャ人の考えた「サウカヴァスタン国」と関係があるとか、無量光仏の「光」はゾロアスター教で説かれる光から来たものだというように具体的あるいは直接的な影響あるいは借用が見られたという説にわたしは懐疑的です。ただわたしが指摘したいのは、それまでの仏教およびヒンドゥー教には死後の「魂」を救う人格神が見られなかったのに対して、紀元前後からはインドにおいて死後の魂の行方が大きく取り上げられるようになったということです。

ゾロアスター教や初期キリスト教においては死後の魂の行方が重要な問題です。初期キリスト教がインドの宗教に影響を与えたという説を唱える人がいます。また逆に考える人もいます。ゾロアスター教の影響を受けたミトラ教（ミトラス神への崇拝、古代ローマで流布）がメシア思想を通じて初期キリスト教に影響を与えたのだというのがイラン学者の間では定説になりつつあるようです。紀元前後においてイランの宗教あるいは初期キリスト教がヒンドゥー教や仏教に与えた影響の可能性は否定できません。ギリシャ様式の仏像を作った人たちは、明らかにヘレニズムの影響を受けたといわれています。信仰あるいは思想の場面においてもヘレニズムの影響があったとしても不思議ではありません。

すでに述べたように、紀元前後にはヒンドゥー教および仏教において個々の人間の死後の魂の行方が大きく取り上げられるようになりました。これがゾロアスター教あるいはキリスト教の影響であるかどうかは現段階でははっきりしません。ただ、仏教およびヒンドゥー教の歴史を考える場合、紀元前後において死後の魂の問題が浮かびあがってきたという事実は重視すべきです。むろんヴェーダの宗教においても死後の魂の問題は重要な関心事でした。死後、天界において生前の家族と再び一緒に暮らすというのがヴェーダの宗教における理想でした。しかし、ヴェーダの宗教ではペルソナを有する神（人格神）に対する帰依によって己の死後の魂の行方を託すというような方法は見られませんでした。

ヒンドゥー教とキリスト教

仏教史の中で死後の魂の救済を正面から問題にするのは『阿弥陀経』などの初期浄土経典が最初です。それはヒンドゥー教の影響であろうという説もありますが、そうとは限りません。

『バガヴァッド・ギーター』（以下、『ギーター』）というヒンドゥー教のヴィシュヌ信仰を説く聖典があります。これは叙事詩『マハーバーラタ』の挿話なのですが、この叙事詩は古代の北インドであった戦争をモデルとしたといわれています。『ギーター』は五王子軍の総大将であるアルジュナの馬車の御者クリシュナ、実は神ヴィシュヌが、アルジュナに開戦の直前に語る「説教」なのです。

『ギーター』はヒンドゥー教の歴史の中で初めて明確に「帰依（バクティ）」を説いたものですが、この経典の原形は紀元前にさかのぼり、現在のかたちを採るのは紀元二世紀中葉と推定されています。『阿弥陀経』などの初期浄土経典成立の時期とおおよそ同じです。『ギーター』が仏教に影響を与えたという説と、逆に仏教が『ギーター』に影響を与えたという説もありますが、わたしは仏教もヒンドゥー教もともに西アジアの文化の影響を受けたと考えています。

『ギーター』の中でヴィシュヌは、「わたしの超自然的な生まれと行為を真に知る者は、身体を捨てた後、再生することなく、わたしの許《もと》に来る。アルジュナよ」（四・九）、あるいは「あなた（アルジュナ王子）の志向と理性をわたし（ヴシュヌ）に捧げるならば、あなたはまちがいなくわたしに至るだろう」（八・七）と語ります。さらには「すべての行為をわたしに任せて、最高我を心に念じ、望みなく所有欲を離れて戦え」（三・三〇）といって、アルジュナ王子たちに戦争で「勝ち負けを無視して」戦うように鼓舞します。

『ギーター』は戦争を勧めているわけではありません。『ギーター』は『マハーバーラタ』の挿入部分なのですが、『マハーバーラタ』は五王子の軍と百王子の軍との戦いの後、両軍のほとんどの者が死んでしまうという内容の叙事詩です。ほとんどの人がすでに死んでしまっていることが分かっている時点で、死者の魂をいかにして救うかという話が挿入されたのであって、戦争を勧めているのではないのです。

『ギーター』は知識の道と行為の道をまず説きます。この場合の行為の道とは古代インドにおいては儀礼のことです（二〇世紀のインド独立のための戦いの時には行為の道は政治的な運動の意味を持ちました）。知識（知）と行為（行）の道を説いた後、その二つよりも勝るものとして『ギーター』は第三の道としてバクティ（帰依）の道を説きます。このバクティの道はこれ以後のヒンドゥー教においてヨーガと並んで重要な実践方法となりました。

おおよそ紀元前一五〇〇年から仏教が誕生する紀元前五世紀頃までのインドでは、ヴェーダ聖典に基づいた儀礼中心主義（バラモン教）が盛んでした。仏教の興起の後、ヴェーダの宗教は少し鳴りを潜めたのですが、紀元前三、二世紀頃から、また勢いを盛り返してきます。その復興したかたちをヒンドゥー教と呼んでいます。『ギーター』はヒンドゥー教が歴史の舞台へと躍り出た際のチャンピオンなのです。ヒンドゥー教の中では、神に自分の魂を委ねるとか、あるいは死後の魂の安寧のために特定の神に帰依（バクティ）するというようなことは『ギーター』以前には見られません。個々人の死後の魂の救済を人格神に託すようなかたちの信仰はヴェーダの宗教にはありませんでした。インド思想史において「個体の問題」が浮き上がってくるのはブッダの頃なのです。

すでに述べたように、ブッダ、ソクラテス、孔子のあたり、およそ紀元前六、五世紀に個体（個人）という問題に焦点を当てました。紀元直前にイエスが生まれます。ブッダやソクラテスは自己の死を見つめて、「ひとりで」死んでいったのですが、イエスは常に神との「交わり」の中に生きていました。十字架に掛かったときにも、イエスは神に話しかけています。ゾロアスター教や初期キリスト教にあっては、死後の裁判が行われると信じられています。死後の自分の魂の救済は神との交わりの中で求められます。イエスに見られるような自分の魂を神に捧げる、神との対話の中で自分の魂の救いを求めるという方法は、インドの宗教ではむしろ新しいものでした。

初期仏教の中で釈迦のイメージが徐々に超人化されていきます。初めは師、先生だったのですが、時代が下るにつれて人間離れした存在あるいは「神」に近い存在になっていきました。おそらく紀元前三世紀頃までには大方の編纂が終了していた初期仏教経典（ニカーヤ）においても、紀元前までに編纂されたアビダルマ仏教経典の中でもブッダは徐々に超人化されていきました。

アビダルマ仏教は紀元前三世紀頃から発展を始め、紀元後一世紀頃には体系を整備していました。アビダルマ仏教によれば、この世界は欲界《よくかい》、色界《しきかい》、無《む》色界《しきかい》の三界《さんがい》に分かれます。ブッダの居場所はこれらの三界を超えた所です。したがって、アビダルマ仏教ではブッダは煩悩もなく、色や形つまり肉体もないことになります。ようするに透明人間です。

さすがにこれで押し通すわけにはいかないと思ったのでしょうか、アビダルマ哲学書にブッダは理論的に煩悩も色形もない世界にいるのではあるが、世間では素晴らしい肉体をして現れると述べられています。しかし、アビダルマ哲学が考えたブッダが人々の死後の魂を自分の国土に迎えるというようなことはありませんでした。

ABC三点の図

わたしはこれまで「ABC三点の図」と名づけた図を宗教行為の構造を示すためにしばしば用いてきました。本書でもこの図によってブッダの生涯を考えてみようと思います。

「ABC三点の図」においてAからBへの線はブッダが修行を始め、悟りに至った過程を示しています。B地点は成道《じょうどう》、つまり悟りです。ブッダは悟りを得た後も聖なる世界に留《とど》まり続けます。ブッダ自身、人々を導くために俗なる世界との交渉を持ちますが、ブッダ自身は世俗に戻ってしまったわけではありません。BからCへの線は、悟りに至ったブッダが他者あるいは弟子たち、つまり人々のために説法をしたときを表しています。

BからB'に続く線は、俗なるものの世界から聖なるものの世界に進み、その方向の歩みがさらに進んだことを表しています。かの四十五年の間にブッダ自身に何らかの体験の深化があったと考える研究者もいます。B'の時点つまり八十歳で入滅、涅槃へと至ります。ブッダは成道

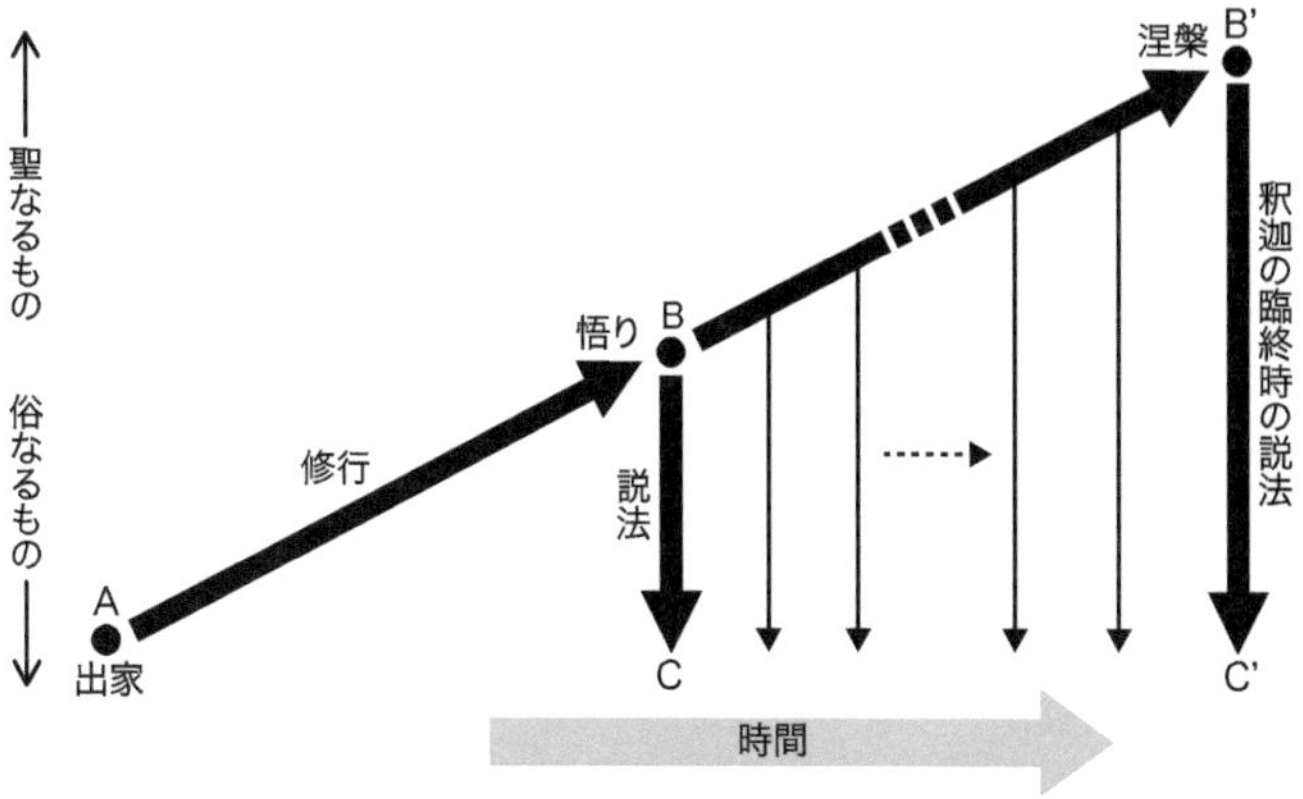

ABC 三点の図

（B）後も自分のエネルギーの大半を俗なるものの教化《きょうけ》のために振り向けています。それがBからB'に至る斜線からCに向かって無数に垂れ下がる垂直線によって表されています。

仏教徒の信仰は、ブッダの生涯を軸にして展開されてきました。ブッダの出家、修行、悟り、説法、涅槃という一生をどのようなものとして自分が受け取るのか、どのようなものとして理解するのかということが仏教の根本になってきました。このブッダつまりシャカムニの生涯は阿弥陀仏の「生涯」のモデルになったと考えられます。

阿弥陀仏の「生涯」

阿弥陀仏の「生涯」を考えてみましょう。世自在王という仏のもとで修行した法蔵菩薩《ぼさつ》が修行をして成仏して阿弥陀仏となったといわれます。悟りを開く際、誓願を立てたのですが、その願は「命終わるときに私の名前を称えた者は、私の国に生まれることができる。もしこの願が成就しないうちは、わたしは仏にならない」というものでした。そして、法蔵は仏になったわけですから、願は成就しているはずです。阿弥陀仏となって浄土で人々を導いていると浄土経典は説いています。

阿弥陀仏の生涯を「ABC三点の図」を用いて考えてみましょう。法蔵菩薩が世自在王仏のもとで修行を始めた、とは、ゴータマ・ブッダの出家に対応します。AからBへと歩みを始めた時点です。AからBに至る修行の中では法蔵菩薩は請願を建てたのです。成仏して阿弥陀仏になった時点は、ゴータマ・ブッダの成仏したとき（B）に対応します。悟りの後、ゴータマ・ブッダは説法を続けますが、阿弥陀仏も「今に至るまで」限りない時間の間、浄土において説法を続けています。この説法の時期においては、BからCへの方向を持った力（ヴェクトル）が働き続けます。もっとも阿弥陀の主要な働きは、娑婆世界の人々の死後の魂を自分の国土に引き受けることです。

阿弥陀とは、世界を超えようとしながらこの世界を浄化していく仏だと思われます。この世界に対して何らの関心つまり慈しみを持たないというわけではありませんが、この世界を否定しようというヴェクトル（方向量）の方が、世界の中に留まって、世界を内から浄化しようとするヴェクトルよりも勝っている仏です。

ゴータマ・ブッダの場合、涅槃の時点（B'）以降はC'に向かうヴェクトルはなくなります。

一方、阿弥陀仏の涅槃の時点は、ゴータマ・ブッダの場合のようには存在しません。もともと阿弥陀仏は涅槃に入ったゴータマ・ブッダのすがたなのですから。では、涅槃に入ったすがたのブッダが無量の寿を有して働くとはどのようなことでしょうか。たしかに涅槃に入ったゴータマ・ブッダは彼が語った法（ダルマ）によって死後も語り続けることはできましょう。しかし、浄土から、つまり死の国から人々の死後の魂を迎えとることはできません。それを阿弥陀仏ができるのは、彼はすでに死の国にあって「生き続けている」からなのです。阿弥陀仏はAからBへの方向に進みながら、Cの世界を照らし続けます。（ここでは「死後の魂」という表現を一応用いることにします。仏教では永遠不変の魂が実在するとは考えられていません。）

ゴータマ・ブッダの生涯を、死という観点から昇華したブッダが、阿弥陀なのです。インドの初期浄土教は死という超越に立ち、それまでの仏教における生の時間の観念を逆転させて、死から人々の魂の行方を救おうとしました。それはまたゴータマ・ブッダにとって死が恐ろしいものではなくて寂静《じゃくじょう》なる聖なるものであったことと軌を一にします。

密教の台頭

こうした考え方は密教にもあります。大日如来も初めは修行者であったのですが、大日如来となって奇跡（神変）を現して人々を救います。これはゴータマ・ブッダの生涯の密教ヴァージョンなのです。

紀元前後の浄土信仰の登場の後、数世紀経ってインド仏教はまた新しい潮流に見舞われます。密教（タントリズム）の興隆です。密教とは、仏教誕生以前に盛んだった古代インドのバラモン僧たちの儀礼中心主義の影響を受け、さらに、古代インド以来の「宇宙と我の同一性」の思想を受け入れたものでした。この新しいタイプの仏教は、この娑婆世界を重視し、大日如来を主要な仏と考えました。

宇宙（マクロ・コスモス）と我（ミクロ・コスモス）との同一性あるいは相同性はバラモン精神が古代インドから持ち続けてきた思想的水平です。この水平を軸にしてインド哲学史を考えることは可能です。

このようなバラモン的思想の水平に対して初期大乗仏教は（三、四世紀頃まで）懐疑的あるいは否定的でした。しかし、仏教がヒンドゥー教の勢力に押され気味になると仏教において密教の台頭が見られたのです。仏教密教が精力を注いだのはマンダラの制作でした。マンダラは当初は儀礼を行う台のようなものだったと考えられていますが、徐々に宇宙（マクロ・コスモス）と我（ミクロ・コスモス）との同一性あるいは相同性というテーマを表現する実践装置となりました。密教の中の尊格の職能にも時代とともに変化が見られました。例えば、大日如来はマンダラの中尊の役目を七世紀頃まで果たしていたのですが、その後は阿閦如来《あしゆくにょらい》にその位置を譲りました。中国や日本では胎蔵マンダラおよび金剛界マンダラが重視されてきたために、その中尊である大日如来に対する尊崇は今日に至るまで続いています。

浄土信仰がこの娑婆世界からの超越を目指したとするならば、密教はこの娑婆世界を浄土と考えたということができます。このような意味で大日は「生」への意味付けの結果なのです。例えば、金剛界マンダラでは中尊の大日如来と彼の周囲にいる仏たちの「交わり」は一言でいえば「生命の喜び」の表現です。大日如来を中心とする密教（タントリズム）はインド後期大乗仏教の始まりにおいて確立されました。日本では、かの浄土信仰が真宗や浄土宗に、密教の伝統は真言宗や天台宗に伝えられています。

ブッダ・阿弥陀仏・大日如来

日本の浄土信仰にあっては、ゴータマ・ブッダあるいは釈迦は経（スートラ）を弟子たちに説く教主として登場しますが、浄土で説法するのは阿弥陀仏です。しかし、その阿弥陀仏の説法の内容はそれとしては伝えられません。阿弥陀仏がまだ法蔵菩薩であった頃に衆生を救うために建てた願が阿弥陀仏の説法の内容として伝えられているということもできるでしょう。一方、真言密教の伝統の中では大日如来をはじめ、数多くの密教仏が生まれました。空海によって確立された日本の真言仏教の伝統の中に生きる人々は、大日如来を信仰します。

阿弥陀仏も大日如来も釈迦牟尼と同じであり、現れ方が異なるだけだ、と主張する人もいます。その人たちの考え方には正しい側面もあります。阿弥陀仏は釈迦牟尼《むに》の浄土教ヴァージョンであり、大日如来は釈迦牟尼の密教ヴァージョンだということができるからです。

では、なぜ阿弥陀仏とか大日如来といった異なったブッダ（仏陀）が登場したのでしょうか。紀元前後から台頭してきた大乗仏教にあっては、阿弥陀仏や大日如来の信仰はそれまでの仏教の流れにはなかったブッダだったのです。それゆえ、「釈迦」という名のほかに阿弥陀仏とか大日如来といった新しい名前が必要となったのです。では、阿弥陀仏の崇拝はどのような意味で従来とは異なっているのでしょうか。また、阿弥陀仏の崇拝の後になぜ大日如来を中心にした仏教が生まれなければならなかったのでしょうか。

　仏教の歴史を一つの生命体の一生の歴史のように見ることができると思われます。生物が誕生し、成長し、熟年期をたどるように、仏教も二千五百年の時間の中でさまざまな状況に接して成長してきました。阿弥陀仏の浄土に対する信仰や大日如来のマンダラを中心とする密教も、仏教の成長の中で遭遇した状況を乗り越えようとした試みの一つでありました。

　仏教は新しい歴史的状況にただ呑《の》み込まれてきたわけではありません。仏教は自らの特質を知りつつ、時をかけてそれらの状況と向かい合って自身をさまざまに変革してきました。それらの変革の中で重大なもの、特に日本人にとって重要な意味を持つのは、浄土教と密教でしょう。これらの変革は「釈迦以来の仏教史における不幸な変節」ではなくて、「仏教の一生」の中での成果だと思われます。浄土教と密教とは相反するものではなく、互いに補い合う関係にあると考えられます。

　仏教はシャカムニの仏教に戻るべきだ、という運動がありました。今もそのように考える人がいます。しかし、それは不可能でしょう。二千年にわたる歴史の歩みを覆すことはできません。今日、日本仏教のこのようなさまざまな宗派に分かれていることをむしろポジティヴに考えることによって、「新しい総合」を考えるべきだと思います。

第二章　日本仏教の二つの典型——親鸞と空海

日本仏教の祖師たち

日本仏教の宗派には、空海がたてた真言宗、親鸞《しんらん》を祖とする浄土真宗、さらには道元を開祖とする曹洞禅の伝統があります。この三人の祖師たちの思想と実践は、日本仏教の三典型であるばかりではなく、この三典型は、インド・チベット・中国の仏教におけるそれでもあります。仏教一般の思想・実践の在り方は、次の三つに分けることができます。

①ヨーガ（禅はその一種）

②バクティ（阿弥陀仏《あみだぶつ》などへの帰依、帰命《きみょう》）

③ヨーガとバクティとの統一としての密教

ブッダに始まり今日に至る仏教者たちは、この三つのいずれかの道を歩んできたといえましょう。日本仏教を代表する道元、親鸞、空海はそれぞれヨーガ、バクティ、両者を統一した密教の道を進んだのです。

空海は九世紀に、親鸞と道元は一二、三世紀に活躍しましたが、インドでは道元が歩んだ禅つまりヨーガの道がまずあり、そして浄土信仰が起こり、その後、空海が伝えた密教が現れました。それゆえ、ここではインド仏教の歴史に沿いながら道元、親鸞、空海の考え方を順に見ていくことにしましょう。

ヨーガの伝統——禅

すでに述べたように、インド仏教の歴史は三期に分けることができます。
（一）仏教誕生から紀元前後までの初期仏教
（二）紀元前後から六五〇年頃までの中期仏教
（三）六五〇年頃から一三、四世紀のインド仏教滅亡までの後期仏教

今日、東南アジアに流布しているテーラヴァーダ仏教（上座仏教）は、第一期の初期仏教の伝統を保っています。中期および後期には大乗仏教が主流となるのですが、後期には大乗仏教の一形態としての密教（タントリズム）が勢力を得ました。

初期仏教の僧たちの実践方法であった広義のヨーガは、インド後期仏教にあっても見られ、さらに仏教が伝播《でんぱ》した全地域において最も基本的な実践方法の一つとして今日に生きています。中国や日本の禅はこの伝統を受け継いでいるのです。

仏教では戒《かい》、定《じょう》、慧《え》の三つを学ぶべきだといわれます。戒とは生活の規範なのですが、罰則を含む規範を律といいます。両者を合わせて戒律と呼びます。定とは精神集中つまりヨーガのことであり、慧とは定という方法によって得られた結果としての智慧《ちえ》のことです。

定にはさまざまな段階がありますが、その中の一つにサンスクリットで「ディヤーナ」（静《じょう》

慮《りょ》）と呼ばれる段階があります。この語の俗語形が「ジャーナ」であり、この語が中国において「禅那《ぜんな》」や「禅」と音写されたのです。その後、「禅」は戒・定・慧の内の定の代表的な方法という意味で用いられてきました。古代のインド人たちは仏教誕生以前からヨーガの行法システムを知っていたのです。

「ヨーガ」とは、「馬に軛《くびき》をかける」を意味する動詞「ユジュ」（√yuj）に由来する語であり、心の作用の統御を意味します。人間の身体には消化器系、循環器系、内分泌系などの器官系統がありますが、人間が自身の意志によって大きな変化を与え得るのは呼吸器系と神経系です。ヨーガは、自身の呼吸を調整し心の作用を統御し、鎮めることによって清澄な心の状態に至ることを目指します。その際、呼吸器系と神経系の器官を意識的に統御するのです。禅においては、修行者の「魂」の救済主としての仏に対して帰命（バクティ）することは不可欠ではありません。

ヨーガの起源はよく分かっていません。仏教誕生以前のヴェーダの宗教の中に起源を求める説とヴェーダ以前のインダス文明の中にその源を認めようとする説とがあります。少なくともヴェーダの儀礼の中においてヨーガ行者の「出番」はありませんでした。さらに「アートマン（我《が》）とブラフマン（梵《ぼん》、世界の根源）」との相同性を体験しようとするウパニシャッドの哲人たちの主要な実践方法がヨーガであったとも思われません。ヨーガの起源をインダス文明の中に求める考え方も有力です。

ともあれゴータマ・ブッダは明らかにヨーガ行者でした。彼は修行期間の間に訪ねたアーラ一ラ・カーラーマやウッダカ・ラーマプトラなどの師からヨーガつまり呼吸の制御による心的鍛錬の技法を習ったと思われます。このような技法は禅定（ディヤーナ、ジャーナ）と呼ばれ、この命名は今日まで続いています。

紀元二世紀頃から四世紀までという長い期間をかけて根本経典『ヨーガ・スートラ』が編纂《へんさん》され、このスートラに対していくつもの注が書かれました。この書はヒンドゥー教の聖典ではありますが、明らかに仏教の禅定と思われる方法についても述べています。『ヨーガ・スートラ』（一・二）はヨーガを「心の作用の統御（ニローダ）である」と規定します。このスートラの意味する統御とはかぎりなく心の作用を鎮めていくことであり、最終的には呼吸もしているのか、していないのかが分からないほどになることです。

『ヨーガ・スートラ』に代表されるヨーガの方法は「古典ヨーガ」と呼ばれますが、後世、七、八世紀から仏教タントリズムの勢いの増大に伴い、「密教的ヨーガ」が生まれてきます。「密教的ヨーガ」の進展はまず仏教の密教の中で見られ、一一世紀以降になるとヒンドゥー教において体系化されました。このヒンドゥー教におけるヨーガの伝統はハタ・ヨーガと呼ばれます。密教的ヨーガの骨子は背骨に並行してあると想定された脈管の中を気（息、プラーナ）を走らせて最終的には頭頂のわずか上にあると考えられる千弁の蓮華の形をしたサハスラーラに到着させて、精神的至福を得ることを目指します。

「古典ヨーガ」と「密教的ヨーガ」との大きな違いは呼吸法の違いにあります。「古典ヨーガ」では心作用はあくまで鎮められます。この意味では中国を経て日本に伝えられた禅の方法は「古典ヨーガ」に属します。「密教的ヨーガ」の場合には心の働きは活性化され、「鋭く激しく」なります。そうすることによって身体の中では大きな変化が起きるのです。密教において重要な実践である「仏のすがたを目の当たりに観《み》ること」（観想法、成就法）を行う場合には心の働きは鋭くなり、密教経典『金剛頂経《こんごうちょうぎょう》』の言葉を借りれば「凝らせ」なければなりません。

これから考察することになる浄土教系の仏教では、ヨーガという方法は聖道門《しょうどうもん》（自分の行為によって悟りに至ろうとする道）として推奨されませんが、仏教の流れの中では中心的な実践方法でした。仏教が求めたのは、怒り、妬み・貪りなどの煩悩と業（行為およびその結果）をなくすことによって悟り（慧）を得ることでした。その悟りの境地を体験するのがヨーガあるいは定の使命です。煩悩や業をなくすとは、新しい自己の蘇《よみがえ》りを目指すのであって、虚無の中に埋没してしまって何も考えず、何の行為もしないことではありません。

ヨーガの一形態である禅により煩悩に満ちた古い自己が新しく生まれ変わります。再生したその自己は自己自身および他者をも正しく見るのです。これが道元のみならず仏教全体が求めたことでした。このようにヨーガの伝統は仏教においても基本的なものではあります。

しかし、本書では人格神への帰依を中心に考察していますので、特に空海と親鸞を取り上げることにします。

バクティの伝統——浄土教

浄土に住む阿弥陀仏への帰依（バクティ）は、インド中期仏教の初期、つまり、大乗仏教興隆期の一世紀頃に現れたことはすでに述べました。それ以前の初期仏教にあって開祖ブッダは偉大な師であり、修行者たちのモデルであったのですが、それぞれの僧たちの死後の「魂」の救い主ではありませんでした。

浄土に住む阿弥陀仏は、個々の僧あるいは信徒たちの「魂の救い主」となりました。これには仏陀観の変化が関係しています。すなわち、後世、人々は「釈迦《しゃか》の肉体は亡んだが、釈迦はどこかですがたを現し、説法しておられるに違いない」と考え始めました。このような仏の一人が阿弥陀仏なのです。それは、歴史的存在としての釈迦の生涯を解釈し直した結果の仏なのです。

初期大乗仏教において阿弥陀仏の浄土を見ようとするヨーガの行法があったのは事実です。ただし、親鸞の浄土教では、ヨーガによって仏を見ようとすること（見仏）は拒絶されました。親鸞は「はからいを捨て、己のすべてを阿弥陀如来に捧げる」というバクティを説きました。ヨーガにより仏を見ることあるいは仏になろうとすることは、親鸞にとって人間の思いあがりであったのです。専修《せんじゅ》念仏を説いた一遍もまた眼前に仏のすがた（イメージ）を見ることに反対でした。

このような親鸞や一遍の態度が結局は、仏教がインド以来持ち続けてきたヨーガによる心身の修練や世界構造への探究心を捨てることへと日本仏教を導いたといえましょう。この傾向は浄土宗の祖法然《ほうねん》にも見られますが、日本仏教の特質の一つとなって今日に至っています。もっとも江戸期の浄土真宗において唯識教学が研究されてきたことからも分かるように、浄土教以外の学問がまったく無視されたというわけではありません。浄土信仰と禅の重視は、日本におけるのみではなく、宋以降の中国仏教さらには李朝以降の朝鮮半島の仏教にも見られます。

ヨーガとバクティの統合――密教

インドの大乗仏教（インド中期・後期仏教）においては、ヨーガによる修行を中心とする派と並行して、バクティを基本とする流れも見られました。一方、ヨーガとバクティとが統一されることもありました。このような方法は密教（タントリズム）に見られるのですが、この場合には大日如来などの仏に対して帰依すると同時に仏と一体になろうとするヨーガも行われます。

密教では古代のヴェーダの儀礼が積極的に取り入れられました。例えば、火の中に供物を投げ入れるホーマ祭は、元来は現世利益の祈願のためのものであったのですが、修行の意味も付け加えられて仏教の中に取り入れられ、護摩《ごま》となりました。また「秘力ある」言葉であり真理の象徴でもある真言（マントラ）が密教の儀礼や修行において用いられました。「真言仏教」

という名称はこのマントラ（真言）に由来します。

密教にあっては、悟りに至った者が他者を導くために聖なる世界の図を修行のチャート、補助装置として描くことがあります。これがマンダラ（曼陀羅）です。このように密教は、ヨーガ、バクティ、儀礼などを総合したものであり、インド仏教では後期になって、すなわちヨーガや帰依の方法が確立された後で盛んになりました。

日本仏教の特質

以上のように見るならば、日本仏教の禅宗、浄土真宗および真言宗はインド仏教以来の代表的な思想・実践を踏まえていることが理解できます。ヨーガの一種としての禅は仏教における実践の基本であり、浄土信仰は仏に対する帰依（バクティ）を通して俗なるものを否定する歩みであり、マンダラには仏へのバクティとヨーガの実践を通して「俗なる」世界の聖化が示されるのです。

ここでは『法華経《ほけきょう》』信仰に基づく日蓮宗《にちれんしゅう》や『法華経』信仰と密教との総合を達成した天台宗などについて触れることはできませんが、これらの宗派もヨーガあるいはバクティをその実践方法の一部として取り入れています。日本の浄土教における阿弥陀仏へのバクティと真言宗や天台宗における大日如来へのバクティとヨーガとは、仏（如来）が元来有している二面性を指し示しています。

阿弥陀如来とは、このわれわれの住む「俗なる」世界（娑婆《しゃば》世界）を否定し続けながら浄化する力であり、大日如来は、この「俗なる」世界を肯定し続けながら浄化する力を表しています。前者は遠心的な力であり、後者は求心的な力です。この二種の力は仏が本来有しているものです。このように、禅、浄土信仰、マンダラは、一つの統一体の三つの側面に他なりません。

第三章　生命の意味と他者の存在

生命に目的はあるか

自然界の中のほとんどの生命体は、誕生・成長・消滅というプロセスをたどります。わたしの妻は三年ほど前に亡くなりましたが、このように考えるならば、妻の身体も生物学的生命体として生・住・滅というプロセスをたどったといえましょう。そして、友人たちも、わたし自身も、そのような定めにあります。

一般に生物学的生命体は他者によって突然命を奪われるといったことのないかぎり、ある程度の幅のある時間の間、生・住・滅というプロセスの中で自体を維持できるようです。なぜ生命体が死に向かって突き進むのかについてはわれわれは知りえません。「生ある者が滅ぶのは理《ことわり》である」といわれても、それはわれわれの求める答えではありません。「生命活動は必ず終わりがあるようにプログラミングされていること」がやがて自然科学的見地から解き明かされるかもしれません。それによって生命というものの極めて重要な特質が明らかにされることでしょう。

しかし、本書が問題にしているのは、生・住・滅というプロセスをどのように受け取るのか、あるいはそのプロセスに対してどのような意味を付すかということです。このような意味が人間にとって問題になるのは、人間が自分たちに死が訪れることを知っているからです。このことが宗教の根本にあると思われます。

ところで、妻の身体が数十年の間、存在したという生物学的事実に目的（あるいは価値）はあったのでしょうか。彼女の死が家族や友人たちにさまざまな思いや影響を及ぼしたことは事実です。問題は、生物体がある期間において活動することに目的があるのかということです。目的という概念の扱いには格別の注意が必要です。個別的な行為の目的もあれば、或る社会的理念が有する総括的な目的など実に多様な目的があるからです。「生命体は生命の維持を目的としているのか」という問いを考えてみましょう。

わたしはかつて、次のように書きました（文は少し改変しています）。

地球上のほとんどすべての生物は光合成の産物によって生命を維持しています。しかし、この事実から、「ゆえに光合成は生命の維持を目的としている」ということはできません。（中略）しかし、それらの細胞が光合成という一連のプロセスを可能とするような構造を有している、とはいえます。（中略）ところで、光合成のためにプログラミングされたシステムAは、同一の生命体に存する他のシステムBなどとどのように関係するのでしょうか。光合成を行うシステムAと他の変化・プロセスを司《つかさど》るシステム（Bなど）とは、何らかの関係を保ちながら、共に生命の維持を「目的」としてどのような仕方であれ関わっているにちがいありません。

ここでわれわれは、自分たちが考察の出発点にひき戻されてしまっているのに気づきます。つまり、今われわれはシステムＡとシステムＢとの関係の考察のために「目的」という概念を用いています。しかし、システムＡとシステムＢとの関係を「目的」という概念を用いて考察することはできないことを確認したばかりなのです。

（『ヨーガと浄土〈ブッディスト・セオロジーⅤ〉』二〇三～二〇五頁）

このように、生命活動に「目的」（ｘがｙの存続のために何らかの作用を有すること）という概念を導入することは困難なことです。ではあるのですが、それぞれの生物学的生命体が夥《おびただ》しい数の不確定な条件の中で、ある期間その活動を持続させていることは、生命活動がある種の方向あるいは「目的」を有していることを示しているようです。生命体の構造そのものの中に自らの活動を持続させるためのシステムがあらかじめ与えられているといわざるをえません。われわれは、その「目的」の有無あるいは種類をはっきりさせることは少なくとも現段階では断念した方がよいでしょう。問題はその「目的のはっきりしない」生命活動にどのような意味を与えるかです。

近代ヨーロッパの自然科学観

自然科学とわれわれの「生命への意味付け」とは明らかに異なった道を進んでいます。しかし、両者は矛盾しません。人間の生活にあって、両者は互いに補い合うことができるのです。自然科学的思考に先導された近代ヨーロッパの思想について、わたしは同書で次のように述べました。

　近代ヨーロッパの思想は、宇宙あるいは自然がもろもろの法則によって「自律的に」運動しているという視点に基づいています。その法則を研究し、その結果を技術などに応用することによって人間の生活をより豊かなものにしてきました。しかし、近代ヨーロッパは自然を「生きているもの」として扱ったのではなくて、「実験台の上の死体」として扱ったように思えます。

（同前、二〇五～二〇六頁）

　このような自然科学観にはいわゆる「人間中心主義的な」においがします。今日ではこのような自然科学観に変更、反省が必要なのではないでしょうか。自然あるいは世界が人間の生存のための素材ではなくて、人間もまた自然の一部であることを踏まえた自然観が必要だと思われます。むろん現代の自然科学あるいは医学が今もって一七、八世紀におけるヨーロッパと同じように考えているわけではないことは承知しています。また、自然科学では、宗教や哲学におけるような「目的」の概念を導入することはできないでしょうし、その必要もないことは理解できます。

それにしても、現代人は生命に対して畏敬の念を持たなすぎるのではないでしょうか。自然科学的知識が生命のすべてを解明してくれると信じている人も多くいます。

ある理系の大学院生が、「量子力学が進めば、物質の構造の解明も進み、生命活動の仕組みが明らかとなる。そうすれば、神も宗教も必要なくなる」と胸を張っていいました。量子の向こうに神など坐《すわ》っていなかった、という研究者もいました。そのような人たちには少し宗教や神学を勉強してもらいたい。「神」あるいは「聖なるもの」と呼ばれてきたものはそのような次元のことではないのです。

この世界は神によって創造されたのであり、被造物は神の栄光を表すために存在するという立場もあります。この立場に立てば、人間をはじめ草木などの生存の目的も考えることができましょう。だが、わたしはその立場には立ってはいません。仏教の講話では「この大宇宙の命が仏なのである」というような表現が繰り返されてきました。しかし、後に述べるように、そのような説にはいろいろな問題があります。

浄土と娑婆世界

仏教において仏、例えば阿弥陀仏《あみだぶつ》や大日如来は世界の創造者ではありません。

大乗仏教では世界と仏の関係は二つの方向によって考えられてきました。仏が世界から離れよう（超越しよう）とするかたちで世界を浄化する方向と、世界の中に留《とど》まりながら世界を浄化する方向です。

日本では、この二方向は浄土真宗や浄土宗などの浄土教と、真言宗などの密教において顕著に見られます。

浄土教（阿弥陀信仰）では、死後に救いを求める傾向が強いといえましょう。阿弥陀仏はこの世界の営みを否定的に見て、人々をこの現世から離そうとする仏であると考えられます。この仏が住む国土（極楽浄土）はわたしたちの住むこの娑婆《しゃば》世界のはるか彼方《かなた》にあると経典は述べています。浄土は、人々が生きている限り住むことのできない死者の国なのです。しかし、同時に生きている者たちのおそれる死を聖化する力をも放っている場でもあります。

一方、密教ではこの世界の中で救いが求められます。われわれが住むこの娑婆世界が「聖なるもの」と考えられているからです。

空海は、『即身成仏義』の中で、地・水・火・風・空・認識という六要素から世界は成立しているが、それらの要素がどのように組み合わせられようともそれはマンダラであると述べています。マンダラとは悟りに至った者によって見られた「聖なる世界」です。マンダラのほとけたちは生命の「目的」が生きることの喜びであると教え、浄土教の阿弥陀仏は生前、死者と共にあったことの喜びを教えています。

マンダラは「仏の住む国」という意味での仏国土を描いてはいますが、それは娑婆を遠く離れた死者の国ではありません。マンダラには死は描かれないのです。もっとも日本では「浄土マンダラ」（浄土変相図）と呼ばれるものがあり、阿弥陀の浄土を描いた図もマンダラと呼ばれています。しかし、これは日本的現象であって、浄土変相図はネパールやチベットの仏教ではマンダラとは呼ばれていません。

人間と自然

世界あるいは自然が仏であり、マンダラであるならば、さまざまな疑問が生まれます。近年では毎年のように起きる水害は、仏、例えば、大日如来のなせる業ということになりましょう。「それは如来が人間を試しているのだ」というのであれば、世界に広がっている新型コロナウイルス禍もまた仏が課した試練ということになります。これを機に人類が生き方を変えることがあったとしても、コロナ禍を仏による試練と考えることはできないでしょう。

「人間は自然の一環にすぎない」とは正確ではありません。人間の生存は自然の法則に基づいてはいますが、人類は言語を有し、自分たちの歴史の中で文化を創りだしてきたからです。たしかに、人間は自然の恵みの中で生きています。しかし、これまでに自然と闘わねばならなかった人間たちもいます。文化は自然との闘いの成果でもあるのです。

わたしたちは仲間たちと共に行った事柄やすでに亡くなってしまった人のことを思い出しな

がら、現在の行為を考え、そして未来の行為を決めています。未来・現在・過去における他者への関わり、それが人間の歴史の本質でしょう。

わたしたちは親しかった者たちや社会の中の人々の生きる時間の重みを考えます。そのように考えることは、自然のサイクルの中にあることとは別の営みです。しかし、その営みは反自然的ではないにせよ、完全に自然と別のものではありません。そもそも生物学的生命体の営み、つまり「命」という基礎がなければ、他者も自己もないからです。ならば、人間は自然の命をどのように受け入れ、どのように意味付けすべきなのかが問題となります。人間には自然の営みの一環であるという側面と、自然とはむしろ独立して歩んできたという側面とがあるのですが、その両者の関係が重要です。では、その二側面はどのように関係すべきなのでしょうか。

眼前に広がる自然あるいは外界は実在しないと、大乗仏教は一般に主張してきました。しかし、今日、外界は実在すると考えざるをえません。このような意味では大乗仏教と別の道を歩く覚悟が今日のわれわれには必要でしょう。地球はもともと人類とは「ほとんど無縁」の実在する運動体であり、やがては生滅する運命にあります。わたしたちが見ている世界は、自分たちが感覚器官などを通じて得た情報を再構築した像にすぎません。実在する外的世界が真にどのようなものなのかはわたしたちには分からないのです。

生命体の二つの見方

生物学的生命体であるわたしたちにとって、世界の実質的内容は自然の生命活動であります。人類はその生命活動の法則を明らかにしようと努めてきました。その努力の成果は自然科学において顕著です。

しかし、自然の生命活動に対する自然科学の見方は独特のものです。それは「生命体は目的を有する」という前提には立ってはいません（もっとも生命体の中には何らかの因果関係があるらしいとは考えているようですが）。

腸癌の患者がいるとしましょう。癌の部位を除くならば腸は正常に機能するはずだという前提のもとに治療は行われます。しかし、その治療は「腸は生命維持のための活動を目的とする」という認識に基づいてはいません。「病んだ部位を除去すれば患者の諸器官は正常に機能する」という因果関係を信じて治療が行われます。

自然科学に見られるような生命活動に関する見方を「第一のレベル」と名づけましょう。このレベルと矛盾はしませんが、生命活動に関する別の見方があります。わたしはそれを生命活動に対する「意味付け」と捉え、「第二のレベル」と名づけています。

第二のレベルは、神話、哲学、宗教などにおいて見られる理解です。宗教、文学といった分野では、これまでも生命活動の意味を自然科学とは違う方法で考えてきました。このレベルで、わたしたちは自然の生命活動に対して意味付けを行っています。工学（テクノロジー）は目的を持つことができますが、このような意味で第二のレベルは目的的です。

自然の運動そのものの意味を、創造者としての神とか根本実在に基づいて考えることは現代においてはほとんどあきらめざるをえません。われわれは自然の運動の一部でありつつ、同時にそれに対抗しつつある人間のあり様を自然科学とは異なった仕方で考察する道を探すべきでしょう。

今述べたような意味付けを、密教で重視されるマンダラをとおして考えるならば、マンダラの中尊となる大日如来は、自然あるいは世界（宇宙）の営みに対する意味付けの結果であると考えられます。自然あるいは世界の生命活動そのものが仏なのではなく、世界の生命活動に対する人間にとっての意味付けが仏なのです。この意味付けにおいては目的（あるいは価値）という概念を用いることができます。空海が、六要素（地・水・火・風・空・識）により世界が構成される、と考えるとき、六要素の集合体に対する一つの意味付けがマンダラなのです。

意味付けと行為

意味付けの結果としてのマンダラは人々に行為を促します。マンダラはほとけたちのすがた（あるいはシンボル）の並ぶ世界を示していますが、ほとけたちはまた礼拝の対象ともなります。マンダラは宗教実践のためのチャートあるいは補助手段でもあります。

マンダラに表れる尊格の種類や位置によって宗教実践のプロセスが示されているからです。

マンダラは単なる絵図ではなく、実践が行われる補助装置なのです。マンダラにおいてほとけたちの印相や位置関係によって示されたほとけたち（もろもろの尊格）の活動は、「聖なるもの」としての生命に対する意味付けと考えることができます。この意味付けは密教の歴史の中で不断に行われてきました。生命に対する人間の意味付けの歴史の一コマがマンダラであると考えられます。

マンダラ図に描かれた仏たちは、世界の生命活動に対する意味付けの表現なのですが、その意味付けの結果としての仏たちは人間たちに対して更なる意味付けおよび行為を行うように促します。すなわち、一度意味を与えられた「聖なる」観念あるいはイメージは人間の行為を促すものへと成長するのです。

これをわたしは「聖なる意味の回帰的外化」と呼んでいます。このような意味の「外化」はマンダラに限ったことではありません。阿弥陀仏も聖なる意味が成長し「回帰した」あるいは「外化した」結果と考えられます。人間が歴史の中で与えた意味がどのように人間を導くことができるのかが大乗仏教の根本問題だと思われます。

もろもろのものに「聖なるもの」としての意味を付与するこのような作業は延々と続けられてきました。またこれからも続くでしょう。このような意味付けの積み上げがそれぞれの宗教や哲学を作りあげてきたのです。

他者を思うということ

仏教、特に密教は、これまで述べてきたような意味付けを、行ってきました。

しかし残念ながら、仏教の基本的構図は自分（自己）ひとりが世界（あるいは仏）に関わるというものでした。自分以外の人々（他者）が生活しており、社会があり、歴史が作られるという現実に正面から対決してこなかったようです。

生命への意味付けは、他者があって初めて可能となります。「生命」という概念自体、「自己よりも他のもの」という認識がなければ生まれてきません。「自己の命」という観念も自己（あるいは自分）の対象化（外化）が行われて初めて生まれてきます。さらに「他者」という観念も「自己にとっての他者」なのであって、自己も他者との関わりの産物に他なりません。

自己から他者を見ることばかりではなく、他者から自己を見る見方も重要でしょう。自己と世界（あるいは仏）という基本的構造の中では自己の他者への関わり（あるいは他者の自己への関わり）は軽視されがちです。事実、仏教においてはそのようなことが起きたのです。

信仰とは、人間と神――阿弥陀でも同じことですが――との交わりなのであって、その交わりの中でのみ神あるいは仏は存在するのです。或る言い方をすれば、阿弥陀がいてほしい、あるいは阿弥陀がいるという思いで生活する人には阿弥陀は存在します。阿弥陀は人の祈りあるいは希望の中に存在します。阿弥陀や大日如来は化学元素が存在すると同じような仕方で存在するわけではありません。

存在するとは働きがあるということです。働きとは、必ず有るもの（ある人）に対して存するものであって、働きを受けようとするものがなければその働きもないのです。この場合、阿弥陀や大日如来の本質はその身体にあるのではなく働きそのものかもしれません。親鸞《しんらん》が阿弥陀は光明だといったとき、彼は阿弥陀仏の当体を光明と考えていたと思われます。空海にあってもマンダラもその部分も大日の身体であると言明した意図は、大日の身体全体のイメージにこだわるなといいたかったのでしょう。

Aさんという人が二〇一〇年に死んで、Bさんという人が二〇一五年に死んだとします。この五年の間、Bさんの中でAさんは生きていました（ここではそのように仮定します）。Aさんは死ぬ直前まで、死に行く自分を見つめながら、阿弥陀を思っていました。そのAさんの生きている世界にBさんもいました。Aさんが阿弥陀を思っていたとき、Aさんは「Bさんも同じ世界の中でいた」と思っていたはずなのです。

人間はひとりで生きているわけではありません。死が悲しいというのは、仲間と別れるから悲しいのであって、自分だけになってしまった場合には「早く死にたい」と思うでしょう。世界にただひとりだったら——ということはありえないのですが——、人間としては生きていけません。そのような意味では、Aさんは必ずこのBさんと一緒に阿弥陀の前に立つのです。もっともその場合、Bさんは阿弥陀のことを思っていないかもしれません。

そうであったとしても、Aさんの中でBさんが阿弥陀仏の前に立つ存在として考えられていなければ、阿弥陀信仰は成り立たないと思われます。わたしは「Bさんを無理やりAさんの信仰の世界に引き入れなければならない」と述べているのではありません。少なくともAさんの心の中に、他者が住んでいなければならないということです。

Aさんと Bさんとは別々の存在です。生物学的な生命体としても社会人としても、別個の存在です。しかし、Aさんの「自己」は自分の中に、どのような意味においてであれ、Bさんを取り込んでいたと思います。そもそも自己が自己であるためには他者を自己の中に取り込んでいる必要があります。というよりも、誰であっても他者を自己空間の中に取り入れて暮らしているのです。わたしはこのような自己の在り方を「複合自己」と呼んでいます。

今、阿弥陀を思うAさんと、今は阿弥陀を思っていないBさんの二人の人間の間には、この時点では宗教的な関係はありません。しかし、AさんとBさんがいかに互いを愛そうとも、片方が片方をいかに憎もうとも、AさんとBさんの間に、阿弥陀あるいは聖なる存在が介入しなければ、宗教的関係はありません。

けれども、AさんとBさんとが共に阿弥陀を思うということはまことに難しいことです。それでもAさんが阿弥陀を思うことが、阿弥陀の存在を可能にするはずなのです。AとBとの関係を俟《ま》ってAの阿弥陀への関係が成立するからです。個々の人間のはからいを超えた存在が介入しなければ救いはないと思われます。

他者のことを思うことは実に難しいことです。「他者を思う」ことはしばしば「自分のために思う」ことになります。

他者としての妻を思う、とはどのようなことでしょうか。彼女が亡くなって三年ほどが過ぎた今も彼女のことをしばしば思い出します。彼女が隣の部屋に居て、今にもこちらにやってくるような感じで過ごしていることもしばしばです。だが、このことが「妻のことを思う」ことなのではないでしょう。わたしは妻の居なくなったことによる「自分の減少」を悲しんでいるにすぎないのかもしれません。

「彼女はわたしの記憶の中に生きている」ということはできます。妻が今はわたしや娘たちそして親しかった人々の記憶の中にもありますが、やがて記憶する人もいなくなるでしょう。一方、彼女はたしかにわたしや娘たちとは異なった個体であったのです。わたしが彼女のことを思うか否かにかかわらず、彼女は存在し、その存在に起因したさまざまなことは現在に残って作用しています。

他者の死と自分の死

われわれが故人を思うとき、その個人の生前の様子やその人が行ったこと（仕事、業績等）を思うのが一般的です。誰もその人の死自体を思いません。そもそも死あるいは無そのもののすがたを誰も見ることはできないのです。

自分の「死」を考えるときには、自分はまだ死んでいません。死んでしまえば、自分の

「死」は考えられませんから。自分の「死」は必ず「未来」のことです。他人の「死」を考えるときには、もはや生きる時間を与えられていない死者の死に対するものであって、たえずその「死」は「過去」なのです。ですから、「死」とは必ず「未来」か「過去」にあります。自分の死は必ず未来の死です。他人の死は未来の死か過去の死かどちらかなのです。

仏教、特に東アジアの仏教は、過去の死に関して祖先崇拝というかたちで関わってきました。一方、仏教では、他者の死、つまりAさんがまだ生きているBさんの死を考えることはあまりないともいえます。むろんそれは人の死を考えてはこなかったということではありません。「明日をもしれないいのち」というような言葉は法話の中では決まって聞かれます。しかしながら、仏教では、まだ生きている他人の死を「社会というシステム」の中では考えてこなかったといわざるをえません。

Aさんが Bさんにも阿弥陀仏への信仰を持ってもらいたいと思うときには、AさんがBさんに直接向き合うのではなくて、AさんもBさんも共にそれぞれ阿弥陀仏に向き合う必要があります。二人には一つの共同体に属しているという意識が必要なのです。つまり、それぞれの個体と阿弥陀仏とのいわば「縦のつながり」と個体同士の「横のつながり」との二種の関係が意識されていなければなりません（仏教にはこのような縦横の関係に対する明確な自覚が一部の宗派を除いては希薄だったといえば言いすぎでしょうか）。

しかし、今わたしが問題にしているのは、故人が生前に行った行為というよりは、この世にあったその者の時間あるいは「もはや無くなってしまった存在」の意味です。

死と超越

「もう死んでしまいたい」と考えた覚えのある人は多いと思われます。「ならば、今、死ね」といわれて死ぬ人は極めて少ないでしょう。雨上がりの路上に迷い出たミミズをつまんで助けようとしても、必死で身をくねらせます。死にたくないのです。生きていることは素晴らしいことだ、と病床で目覚めたときに、人は思います。

しかし、どのような生命体にも死は必ず訪れます。生命体は生・住・滅のサイクルを繰り返すということは誰もが知っています。われわれは通常「明日がある」と思って暮らしていますが、「明日がなくなる」こともまた運命なのです。

生命体の活動が断ち切られること、つまり死も自然界の運動の一環です。或る生命体が死に至った瞬間、その生命体はもはや生きたすがたを見せません。死はそれまでの生存の連続を一瞬にして断ち切ります。それほどに強力なのです。でも、死そのもののすがたは誰も見たことがありません。死神と一般に呼ばれる者も生者を死に導く「生者に似た怪物」のイメージにすぎません。

無あるいは否定は存在が成立するために必要です。ある人が存在しなくなった、という場合、その「存在」という認識は存在の無あるいは否定を前提にしています。しかし、その無あるいは否定のすがたそのものを見ることはできません。

キリスト教世界においても超越の問題は大きな関心事です。世界の創造者としての神は、被造物である世界から超越しているという意味において超越者です。仏教においては、しかし、世界の創造者としての神の存在は認めません。仏教が関わってきた超越は人の、というよりも生類の死です。死は生存を一瞬にして超越し、それまでの生存した時間の「反転」を鏡の中のイメージのように、見せます。後期のインド論理学では無あるいは否定の内容を「反存在」（プラティヨーギン）といいます。例えば、犬がいなくなった場合、犬が「犬の無の反存在」です。一般にある者Aの死はAの反存在を示しています。ただ、ここでわたしが関わっているのは、Aが生前において行った個々のあるいはすべての行為ではなく、亡くなったAを記憶する他者Bの記憶の中のAの死の反存在を問題にしているのです。つまり、わたしの記憶の中の妻が問題なのです。

死という超越はそれぞれの個体の死の瞬間において突然現れてくるのではありません。死は生きている者をその誕生からむしばんでいきます。あらゆる生命体は生まれたその瞬間から死というゴールに向かって休むことなく歩み続けています。

亡くなった者の生涯つまり反存在の目的あるいは意義を人が思うとき、人は最終的にはかの超越の前に立ち尽くす以外にないようです。死者に如何《いか》に話しかけようとも答えは返ってきません。答えが戻ってこないこと、つまり、会話ができないことが死の証左なのです。死という否定によって遮られた世界の違いは生きている者にとっては如何《いかん》ともしがたいものです。また死者のことを如何に思っても所詮、それは自己が己の痛みを舐《な》めているにすぎない場合がほとんどです。

儀礼の機能

亡くなった者との関わりを求めて人は法要あるいは「故人を偲《しの》ぶ会」を開きます。故人の死の一年後、二年後に一周忌、三回忌を行います。このような場を設けることによって家族や親しかった者たちは亡き人との思い出を新たにします。この種の儀礼は幾世代にわたって続けられてきたものであり、故人を共に思い偲ぶ仕組みとしては勝《すぐ》れたものです。しかし、そのような儀礼を行ったとしても、かの亡くなった者が生前生きたことの意味は明らかにならないでしょう。一方「生前生きたことの意味」などについて多くの人は考えません。考えても分かるものではないことをあらかじめ分かっているからかもしれません。

菩提《ぼだい》を弔う、という言葉をしばしば耳にします。「菩提」とは元来は悟り（ボーディ）のことですが、この場合は死者の魂――そのような者が存在するか否かは別にして――を意味します。菩提を弔うとは一般には不慮の死を遂げた者あるいは無念の涙を呑《の》んで死んでいった者の想《おも》いに寄り添い、その心をときほぐすというような「死者への思いやり」の行為を意味します。この場合、生者は死者に対して優位に立っており、生者から死者に対する行為は一方的であり、生きているときにあったような交わりはありません。

人は亡くなった者のことを死後、何年も思い続けます。思い続けることによって何かが明らかになるとか、何ものかを獲得し得る、というのではなくとも、思い続けます。共にいたときの喜びを思い起こすのです。故人が社会的にどのような業績を残したのかが問題になる場合もあるでしょう。だが、今は社会的に記憶されるような人物の場合を問題にしているのではありません。

亡き者の生存したことが問題になるのは、一般にその者と親しい関係にあった者たちの間においてであります。わたしの父と母はたしかに半世紀前には存在していました。だが今は彼らを知る人に会うことすら難しくなりました。「彼らは生・住・滅という生物体のプロセスに従ったまでだ」といってすむわけでもありません。むろん彼らの存在自体に格別の価値あるいは意味があるということではないのですが、彼らの生きた時間はたしかに存在したのです。

わたしの妻の場合も同様です。彼女の書き残したものを読み返すことはあります。けれども、彼女の文章が彼女ではありません。仔犬《こいぬ》の人形に寄り添うように置かれてある遺骨も妻ではありません。彼女を思い起こさせるもののすべてが彼女の無を知らせます。これが死というものの力のようです。

衰えていくわたしの肉体と協調するように妻の記憶が薄らいでいきます。わたしの妻への関わりや思いが純粋なものであったというつもりはありません。ただ、死とはこのようなものなのかと改めて思うのです。

時は戻りません。故人の生前の活動をいくら並べ立てたところで、それはかの者が歩んだ過去なのであって、それによって死者が蘇《よみがえ》ることはありません。一方、確かなこともあります。妻や父母と共にいた喜びは確かなことです。最近では、この喜びが亡くなった他者、つまり死者と生きたことの意味なのだと思うようになりました。

儀礼を如何に頻繁に行おうとも、死者の生前、つまり反存在は生者にとって日に日に遠くなっていきます。自分の中の記憶も年とともに薄らいでいきます。では、かの反存在への関わりは「日に日に薄らいでいく」でしかありえないのでしょうか。

死とは超越なのですが、生まれてこなかった者には死はありません。死は生を食い散らした後に現れます。生を呑み込んだ後に生を超えるのが死なのです。このような意味で死という超越は生者を拒絶しています。

空思想と阿弥陀信仰

では、他者の死に対して、さらには自分自身の死に対して、われわれはどうあるべきなのでしょうか。

大乗仏教が用意した答えの一つが阿弥陀信仰です。生物体はすでに述べたように、その誕生以来、死に向かうレールの上を走っています。そしてその個体に許された時間のすべてが死によって焼かれたときその個体は死を迎えます。わたしには、阿弥陀仏の本質は生と死を共に包み込んでいることだと思えます。死は超越であると述べましたが、阿弥陀仏は、ある言い方をすれば、「死という超越をも超えている」のです。

すでに述べたことですが、阿弥陀信仰の歴史的起源に関しては、大きく分けて二説があります。第一には釈迦牟尼《しやかむに》（ゴータマ・ブッダ）のイメージおよび職能の変化の中で阿弥陀信仰の起源を見ようとする考え方であり、第二には西アジアの宗教文化の間接的影響があるというものです。

ここではその問題には立ち入らないことにしますが、重要なことは、第二の場合であったとしても、初期大乗仏教徒たちが単に西アジアから異種の信仰形態を受け取っただけではないことです。たしかに「死後の魂の救済」という問題はそれまでの仏教では主要なテーマではありませんでした。大乗初期仏教において、仏教徒は初期仏教以来の仏涅槃《ぶつねはん》を寂静《じやくじよう》なる「聖なる」境地であるという考え方と空思想（無我の思想と関係するもの）とを踏まえて、阿弥陀信仰の重要な部分が作りあげられていったと考えられます。

空思想は無自性《むじしよう》性（自体がないこと）をその思想の根幹としていますが、龍樹が『中論』（二四・一八）にいうように人を無の中に追い込むのみではなく、無（空）からの蘇りを説きます。まず無（空）に至り、そしてその無から蘇ります。死を自らに包む仏である阿弥陀はその死からの蘇りをも可能にするのです。

阿弥陀の本質は光（光明）だといわれます。大乗仏教において悟りは光（光明）であるといわれてきました。死は暗闇ではなくて、光明の中にあるのではないでしょうか。親鸞の『正信偈』の中では「普放無量無邊光《ふほうむりょうむへんこう》　無礙無對光炎王《むげむたいこうえんのう》　清淨《しょうじょう》　歡喜《かんぎ》智慧光《ちえこう》　不斷難思無稱光《ふだちなんしむしょうこう》　超日《ちょうにち》月光照塵刹《がっこうしょうじんせ》　一切群生蒙光照《いっさいぐんじょうむこうしょう》」（あまねく、計りがたく、無辺の光、さえぎるものなく、相対するものなく、光炎の王、清らかな、よろこび、智慧の光、とぎれることなく、思い難く、ほまれの語もなき光、日月の光を超え、塵《ちり》の世を照らす）とあり、十二種の光が讃嘆されています。

親鸞における光と如来

つづく四章では、親鸞の『正信偈』をつうじて日本の浄土教における阿弥陀信仰を考えたいと思います。親鸞は、『一念多念文意《いちねんたねんもんい》』で次のように記します。

この如来（阿弥陀仏）は光明なり、光明は智慧なり、智慧はひかりのかたちなり、智慧またかたちなければ不可思議光仏とまふすなり。

（『浄土真宗聖典』註釈版、六九一頁、『真宗聖教全書』第二巻、六一六頁）

ここでは「如来が光明であり」、かたちのない智慧が仏であると明言されています。如来（タターガタ）や仏（ブッダ）は一般にかたちつまり身体のある存在と表象されます。しかし、ここでの如来も仏もすがたはありません。すがた・かたちがないのですが、人々を救済する働きを有しています。

同じく親鸞の『唯信鈔文意《ゆいしんしょうもんい》』にも、同じような文があります。

尽十方无碍《むげ》光仏とまうすひかりの御かたちにていろもましまさずかたちもましまさず、すなはち法性法身《ほっしょうほっしん》に同じくして无明《むみょう》のやみをはらひ悪業にさへられず、このゆゑに無礙光《むげこう》と申すなり。無礙はさはりなしと申す。しかれば、阿弥陀仏は光明なり、光明は智慧のかたちなりとしるべし。

（『浄土真宗聖典』註釈版、七一〇頁、『真宗聖教全書』第二巻、六三二頁）

親鸞における光明と如来の関係は別の機会に譲らなくてはなりませんが、問題点のみをここで簡単に指摘しておきたいと思います。

ヨーガ行者が最終段階において接するものは光であると考えられます。しかし、この光はプルシャ（男、霊我）と呼ばれることはあっても、その光は人格（ペルソナ）を有する神ではありません。唯識学派にあっても最終的に得られるものは智慧のかたちの光です。しかし、この光は如来自身とは考えられていません。後期密教の代表的な修行である「ナーロー（パ）の六法」の一項目に光明がありますが、この場合もその光明は衆生を救う如来ではありません。

さらに『中有における聴聞による解脱』（いわゆる「チベットの死者の書」）においても死の直後、死者がみる強烈な光は人格を伴った如来ではありません。このようにみると親鸞においては光と如来とが同一視されているのが注目されます。

しかし、このような思想は親鸞に始まったわけではありません。『正信偈』を読むときに、光明についてはまた考察することになりますが、ここでは光明は阿弥陀仏と浄土（場）との関係を語る重要な問題であるということのみ記しておきます。

他者と共にあったということ

ここまで問い続けてきた問題は、死者を記憶する人と阿弥陀との関係でした。阿弥陀仏の存在の根拠は、奇妙な言い方ですが、われわれの死にあるのではないかとさえ思われます。「死を救う」つまり死者の魂を救うために阿弥陀仏が現れたのかもしれません。

他者も、自己の存在も、あるいは時間も、ともにかの仏の光の中にあります。死ぬ前も、死の後においてもです。先に述べた法要などの儀礼も阿弥陀仏の光の中で行われているはずなのです。阿弥陀仏はそれ自身の中に生と死を包むという意味において生と死を超えた存在なのですが、生者をも光で照らします。

われわれにとって超越とはこの世界からの「旅立ち」であり、すべての人が経験する死に他なりません。かの仏は死者と共に世界から旅立つのです。生を超える瞬間に開かれる静寂へと行く。その静寂の時間をわたしは浄土と呼びたいと思います（四章の最終節）。

すべての人間にとって医学的な死は必ず訪れます。生涯に一度の「大きな死」とは別に「小さな死」はわれわれに毎日訪れます。日に幾度も訪れるのです。自分の死を考える際にはわれわれはかの「静寂」あるいは「死の谷」に身を躍らせる自分を想います。この時にわれわれは、瞬間的にであれ、「浄土」に接しているとわたしは考えています。「浄土において亡くなった者と再会できる」という確信は残念ながら、わたしにはありません。しかし、同じような静寂の時に入ることができるのだろうとは思います。

生命に対するわれわれの態度に「第一のレベル」と「第二のレベル」があるという設定のもとにわれわれは人間の生命の「第二のレベル」における宗教的意味を考えてきました。われわれは他者と共に生きています。そしてその他者も自分もやがて死という超越の中に呑み込まれます。阿弥陀仏という生と死を包み込んだ存在の光の中で、人は他者と共にあったことの喜びと感謝の念が生の意味なのでしょう。

第四章　親鸞『正信偈』を読む——死と浄土

『教行信証』の中の『正信偈』

『正信偈《しょうしんげ》』は、親鸞《しんらん》『教行信証』の第二「行巻」の終わりに添えられている百二十句の詩句です。親鸞から三代目の覚如《かくにょ》の長男である存覚《ぞんかく》が『教行信証』の注である『六要鈔《ろくようしょう》』を著しますが、その中で存覚は『正信偈』、正式には『正信念仏偈』を「念仏を正信する偈」と読んだようです。

それから約百年後の蓮如《れんにょ》、さらに徳川末期の香月院深励《こうがついんじんれい》もそのような理解を受け継ぎました。浄土真宗においてこれを朝晩読誦《どくじゅ》することになったのは、蓮如(一四一五〜九九)からといわれています。

『教行信証』はつぶさには『顕浄土真実教行証文類《もんるい》』ですが、一般には『教行信証』と呼びならわされています。その内容は、教(教え)、行(実践)、信(信じること)および証(信心の証《あか》し)の四つから成ります。

この場合、教えとは『大無量寿経』などの浄土経典をいい、実践とは南無阿弥陀仏《なむあみだぶつ》の名を称《とな》えること、信じることとは阿弥陀仏を信じて浄土に生まれたいと願うこと、証しとは浄土に生まれて即座に開く仏の悟りを意味すると考えられてきました。

これらの四つは浄土教全体のシステムに関わることであり、今は大まかに述べておきます。先ほど述べたように『正信偈』は、『教行信証』に収められているものであり、『教行信証』の内容を簡潔に述べているのです。

『正信偈』には実に多くの解説書、研究書が出されています。本書を書くにあたって特に参考にしたものを、巻末の参考文献に挙げておきます。また、『正信偈』を読むためには、『阿弥陀経』、『大無量寿経』、『観無量寿経』といった浄土経典の知識が必要であることはいうまでもありません。

これらの経典についての説明と解説書については後の章において述べることにしますが、説明の都合上、『大無量寿経』の漢訳についてはここで簡単に述べておきます。今日、日本で一般に用いられているのは康僧鎧《こうそうがい》（三世紀中頃）の漢訳です。本書において『大無量寿経』について述べるときには主としてこの漢訳によることにしますが、最近ではこの訳は東晋《とうしん》の仏陀跋陀羅《ぶつだばだら》と劉宋《りゅうそう》の宝雲《ほううん》共訳（四二一年）であろうという説が有力になっています［鎌田他　一九九八：一〇〇］。

『正信偈』の構造

『正信偈』の構造については従来さまざまな説が述べられてきましたが、本書では全体をいかに総括的に理解するかという観点から、次のように五段に分けています。

第一段　無量の光明と寿命
第二段　法蔵菩薩《ぼさつ》の修行の始まり
第三段　法蔵菩薩の修行の成就
第四段　釈迦《しゃか》の教え
第五段　浄土教の歴史

第一段では「帰命無量寿如来」および「南無不可思議光」と述べられ、阿弥陀仏や無量光仏という名称こそ現れませんが、「不可思議光」は明らかに無量光仏を指しています。この段の二句が『正信偈』の主要なテーマであり、浄土教の核心です。

第二段では、本書の一、二章で述べたように、阿弥陀仏はゴータマ・ブッダすなわち釈迦の生涯の「神学的読みかえ」と考えられます。かの釈迦族の太子が出家し、修行し、悟りを得て、人々を導いたという生涯が、法蔵（ダルマ・アーカラ、法の鉱脈の意）の生涯として浄土教的に作り変えられたのです。そして、法蔵の修行物語が語られます。法蔵は修行の「始まり」に願（プラニダーナ、誓）を建てます。法蔵の建てた願にはさまざまなものがありますが、その中で重要なものは「衆生が命終わる時、わたしの名を呼べば、わたしの国極楽（スカーヴァティー）に生まれることができますように」というものでした。

第三段で、法蔵は仏となり、願も成就しました。彼はいまや自らの国極楽において法を説いているといわれます。ゴータマ・ブッダ、すなわち釈迦の復活です。

第四段で親鸞は、なぜ釈迦が世に出たのか、と問います。『正信偈』の答えは「阿弥陀仏の本願を説くために釈迦が生まれた」というものでした。釈迦をモデルにした阿弥陀仏がいまや主役を演じるようになったのです。これは、本書の三章で述べた「意味の外化」の一つのケースと考えられます。

第五段では、龍樹から法然《ほうねん》までの浄土教の歴史を述べています。親鸞はここで、インド・中国・日本の七祖は、釈迦の出世の目的を説いている、すなわち阿弥陀仏の本願を説いていると理解しています。

『正信偈』第一段　無量の光明と寿命

無量寿如来

では、第一段を読んでいきましょう。まず『正信偈』の原文を掲げ、それぞれの行の下に原文に沿った和訳を添えました。その後に、伝統的になされてきた読み方に従った読み下し文が続きます。大意の後に、語釈を述べていきます。

1

歸命《きみょう》無量壽《むりょうじゅ》如來《にょらい》　　**無量寿如来に帰命し、**
南無《なむ》不可思議《ふかしぎ》光《こう》　　**不可思議光に南無す。**

無量壽如來に歸命し、
不可思議光に南無したてまつる。

〈大意〉限りない命の如来に帰依し、不可思議な光に帰す。

【南無】「南無」とはサンスクリット（梵語）の「ナマハ」（namaḥ）の音写であり、「礼拝する、敬礼する」を意味します。この語は音便の都合で「ナマス」（namas）あるいは「ナモー」（namo）ともなります。今日のヒンディー語では「こんにちは」の意味で「ナマステー」といいます。「テー」とはあなたを意味します。「ナマステー」は文字通りには「あなたに敬礼します」を意味しますが、今では挨拶の語として用いられています。

サンスクリットの書はしばしば「ガネーシャに礼拝」（ガネーシャーヤ・ナマハ）という句で始まります。象の頭を有するガネーシャは文芸の神とされていますので、「今から著そうとしている書が無事に完成しますように」という願いを込めて書の初めに置かれるのです。インドの書物の初めにはほとんどの場合、神あるいは菩薩などの名前の為格（〜のためにという格）の後に「ナマハ」が付けられています。

ヒンドゥー教の主要神は「千の名前」を持っています。例えば、ヴィシュヌ神にも千の名前（サハスラ・ナーマ）があり、人々は日頃から千の名前のそれぞれを詠《うた》い上げます。その際、一つひとつの名前の為格のかたちの後には「ナマハ」が付けられます。「ラーマーヤ・ナマハ」（ラーマに礼拝）、「クリシュナーヤ・ナマハ」（クリシュナに礼拝）といった具合です。「ラーマ」も「クリシュナ」もヴィシュヌの別名です。このように、神の名前の後に「ナマハ」を付けて詠い上げることはヒンドゥー教にあっては今日に至るまで続いている伝統であり、この名前を呼び続けることは「キールタナ」(kīrtana、称名)と呼ばれています。「南無」という漢字による音写には従来、三つの意味があるとされてきました。一には「自らの命をささげて救いを請う」という意味であり、主として浄土宗鎮西《ちんぜい》派における解釈です。二には「迷いの命を捨て、如来の命に帰る」という解釈であり、主に浄土宗西山《せいざん》派で用いられました。第三には「如来の勅命に帰する」という解釈なのです。これが真宗の理解ですが、これは親鸞の『尊号真像銘文』に述べられています(『浄土真宗聖典』註釈版、六五六頁、『真宗聖教全書』第二巻、五八八頁)〔内藤 二〇一七:二一〇〕。

無量寿と無量光

「無量寿」とは「計ることができない(アミタ)ほど多い齢(アーアユス)を有する者」を意味します。サンスクリットでは「アミタ・アーアユス」(amita-āyus)が「アミターユス」(amitāyus)と表記されます。この仏は「無量光」とも呼ばれます。「計ることができない(アミタ)ほどの光(アーバー)を有する者」の意味であり、「アミタ・アーバ」(amita-ābha)が「アミターバ」(amitābha)と表記されます。光は「アーバー」なのですが、ここでは「アミタ・アーバ」は所有複合語であり、「ブッダ」あるいは「如来」(タターガタ)という男性名詞にかかっていきますので、男性名詞として活用し、「アミタ・アーバー」ではなく、「アミタ・アーバ」(アミターバ)と表記されます。

『正信偈』にあっては「不可思議光」と述べられており、「無量光（仏）」とは述べられていません。しかし、これが無量光仏を指していることに疑いはありません。「阿弥陀仏」という名称も中国、朝鮮半島、日本では一般的です。「阿弥陀」（アミダ、amida）は「アミターバ」あるいは「アミターユス」の訛《なま》ったかたちといわれています〔藤田　二〇〇七：二三六～二三七〕。「アミタ」（無量の）が「阿弥陀」と音写されたのではないとも指摘されています。

このようにわれわれには「無量寿仏」「無量光仏」そして「阿弥陀仏」という三つの名称が与えられています。『阿弥陀経』では明らかに「無量寿仏」「無量光仏」の二つの名称が同じ仏を指しています。『正信偈』には「南無阿弥陀仏」という句こそ現れませんが、冒頭の二句が阿弥陀仏を指していることに疑いはありません。（「無量寿」および「無量光」の意味については第二段参照）。

カトマンドゥ盆地のネワール大乗仏教やチベット仏教圏においては日本におけるような阿弥陀信仰は見られないのですが、無量寿仏あるいは無量光仏はよく知られた仏です。それらの地域では無量寿仏あるいは無量光仏が密教パンテオンに取り込まれ、大日如来、阿閦如来《あしゅくにょらい》などと並んで大きな役割を果たしているからです。

カトマンドゥ盆地では無量光仏は人気のある仏です。例えば、盆地の西北部には目玉寺の名称で知られるスヴァヤンブーナート仏塔があります。この仏塔の周囲には五仏（大日、阿閦、宝生《ほうしょう》、無量光、不空成就《ふくうじょうじゅ》）の龕《がん》（刳《く》りぬかれた小さな窪み・社）があり、無量光の龕の前にはしばしば多くの人が集まっています。盆地では「アミターバ」（無量光仏）の方が「アミターユス」（無量寿仏）の名よりも頻繁に用いられています。カトマンドゥ盆地のネワール仏教にあっては図像的には、近年のチベット仏教の影響もあるとは思われますが、「アミターバ」と「アミターユス」とを区別されることがあります。アミターユスは不死の甘露の入った壺を持つすがたで表されることが多いのです。カトマンドゥ盆地では「阿弥陀」という音写を思い起こさせるサンスクリットの訛った名称は用いられていないようです。

チベットでは「無量寿」（ツェパメ）と「無量光」（オーパメ）は少しばかり異なる仏として理解されました。先ほど述べたように、アミターユスは不死の甘露の入った壺を持つすがたで表されることが一般的です。また、チベット仏教にあっては、中国、日本におけるような浄土信仰はありません。カトマンドゥ盆地におけると同様に「アミターバ」あるいは「アミターユス」が「阿弥陀」となっていった過程を窺《うかが》わせる表記は伝わっていないようです。

「南無阿弥陀仏」という名号

『般舟三昧経《はんじゆざんまいきよう》』（現在の仏が現前に立つのを見る三昧という経）は浄土信仰の初期の形態を示す経典として知られています。後漢の時代、二世紀後半の『般舟三昧経』（一巻本）の漢訳（大正蔵第一三巻　八九九頁）にはすでに「阿弥陀仏」という名称が見られます。

『法華経』などの漢訳者として有名な鳩摩羅什《くまらじゆう》は『阿弥陀経』（おそらく四〇二年）を訳す際に

「阿弥陀」という仏名を用いています（大正蔵　第一二巻　三四八頁）。劉宋（四二〇～四七九）の時に畺良耶舎《きょうりょうやしゃ》によって訳された『観無量寿経』には「南無阿弥陀仏」という句が見られます。さらに曇鸞《どんらん》（四七六～五四二?）の『讃阿弥陀仏偈』には「南無阿弥陀仏」という句が繰り返し現れます。「南無阿弥陀仏」という句は中国（中国語的環境）において確立したと思われ、人々の間ではよく知られています。また「阿弥陀仏」という句は電話口でも日本語の「もしもし」にあたる語として用いられています。驚いた際に口から出る言葉でもあります。

「南無阿弥陀仏」のサンスクリットはあったのでしょうか、もしあったとするならばどのようなものだったのでしょうか。namo 'mitābhāya（ナモーミターバーヤ、アミターバに礼拝）などが考えられますが、このようなフレーズが実際に用いられていたことの証左は見つかっていないようです。

終わりから始める

本書が親鸞の『正信偈』や空海の『即身成仏義』の文献学的考察を目指していないことはすでに述べてきました。わたしが本書で目指しているものは「神学的考察」ともいうべきものです。ここでいう「神学」（セオロジー）とはキリスト教神学を指すのではなくて、時代的状況に対する思想的・実践的対応を意味します。仏教の伝統に基づきながら時代的状況への対応をわたしは「ブッディスト・セオロジー」（仏教神学）と呼んでいますが、このような態度・方法については、拙著『聖なるもの　俗なるもの〈ブッディスト・セオロジーⅠ〉』を参照していただきたいと思います［立川　二〇〇六：第一章］。

われわれの立場（ブッディスト・セオロジー、仏教神学）では「無量寿仏」「無量光仏」そして「阿弥陀仏」という三つの名称が与えられているというところから出発します。「名称が与えられている」とは阿弥陀という意味存在がすでにわれわれの前に立って働いていることを意味します。いい換えるならば、名称が与えられているという「終わり」から出発します。「終わり」が神学的歩みの始まりなのです。このような考え方は、わたしはナチズムと闘ったドイツのプロテスタント神学者ボンヘッファーから学びました［ボンヘッファー　二〇〇五：四］。

名称が与えられているということは、その者への呼び掛けが可能になることを意味します。名前を呼ぶことによってその者との「交わり」が成立します。念仏とは阿弥陀の名称が与えられている故に可能なのです。

これまでわたしは「阿弥陀（仏）」という名称を用いてきましたが、神学的考察にあっては「アミダ」とも表記したいと思います。その方が考察の立場あるいは観点をはっきりさせるためには効果的と思われるからです。このような表記の方法はかつて拙著『ブッダの哲学』（法藏館、一九九八年）第三章においても用いています。

神学的態度は目の前のアミダというペルソナ（人格）に向かいます。この場合の「ペルソナ」とは、人間のすがたあるいはイメージをした存在を意味するわけではありません。「ペルソナ」とは人格を意味しますが、「人格」という語を用いますと、個々の人間の性質、人となりなどの意味に取られる可能性が高くなりますので「ペルソナ」という語も用いることにします。阿弥陀仏が人間のすがたをした（アンスロポモルフィック）者として描かれてきた歴史はありますが、人間のすがたが、弥陀仏の「始まり」であるのではありません。聖なるものの図像化が許されている地域における造形活動の一環として阿弥陀の図像化がなされたということです。ある神あるいは仏が人間のすがたをしたイメージのもとに図像化がなされたとしても、それは神あるいは仏が常に人間のすがたで表象されねばならないということを意味しません。

世界の無を突きつける阿弥陀

阿弥陀あるいはアミダという仏は、化学元素が実在するのと同じような意味で存在するのではありません。ゴータマ・ブッダ誕生以前に編纂《へんさん》された『タイッティリーヤ・ウパニシャッド』（三・一・一）がいうような、目の前に繰り広げられる現象世界がそこから生まれ、それによって持続し、滅した後はそこに帰入するといったような存在でもありません。

強いていえば、「この世界あるいは生類がいつかは消滅する」という定めを、われわれに突きつけている「意味」なのです。

後世のヒンドゥー論理学では、あるもの、例えば犬が小屋にいないとき、「犬の無が小屋に存する」といいます。この場合、「犬は、犬の無（ア・バーヴァ）の反存在（プラティヨーギン）である」といわれます。無は常になにものかの無（欠如）です。無は「〜ではない」とか「〜がない」というかたちで現れますが、無は一般に「あるもの（x）があるところ（y）にない」と表されます。いいかえれば「xがない」というときには常に「どこにないのか」が問題になるのです。あるもの（x）の無（欠如）が問題になるときには、そのxの反存在の場（y）が問われることになります。

世界には途方もない数の犬がいます。したがって、「うちの犬がいつも居る小屋にいない」という意味で「犬がいない」という場合であれば、「犬がいない」とは意味が通じます。しかし、誰の犬か、どのような犬かについての情報がないままに、「犬がいない」といってもあまり意味をなしません。「犬という種が一世紀先には絶滅する」という意味であってもその犬の無はこの地球という場あるいは基体においてのことについて述べているのです。「この世界がいつかは消滅する」という定めをアミダはわれわれに突きつけています。アミダは世界あるいは生類の無を知らせているという場合、その無の反存在は世界あるいは生類です。阿弥陀信仰にあっては、反存在の問題が常に浮かび上がってきます。xがない、という場合のxを反存在と呼ぶのですが、この術語はかなり便利なものです。われわれはこの先、この反存在という概念を用いることになります。

「なむ・あみだぶつ」という名号は「なむ」と「あみだぶつ」との二つに分けることができます。「なむ」は衆生つまりわれわれであり、「あみだぶつ」は仏を指します。先ほど「ペルソナ」（人格）という語を出しましたが、あみだぶつはペルソナを有します。「なむ・あみだぶつ」とは阿弥陀仏のペルソナに呼び掛けているすがたです。また阿弥陀仏がわれわれを呼んでいるすがたでもあります。このように相互の呼び掛けは「交わり」と表現できます。この交わりの質は変化します。初めは「阿弥陀仏に呼び掛けている自分」を意識しますが、この段階では念仏を称えている自分が主体となります。次には「自分が称えている」という意識の面が薄くなって、阿弥陀仏の呼び掛けの声を聞くという面が強くなります。最後には、自分が称えているとか阿弥陀仏の声を聞いているとかは問題ではなくなり、ただあみだぶつが「現成《げんじょう》」するようになります。この最後のかたちはけっしてトランスあるいは憑依《ひょうい》になることを意味しません。

今述べたような念仏の質の変化は実は、阿弥陀仏の本願の構造を写しています。四十八願の中で特に重要な三つの願（一九、二〇、一八）の内容と対応します（一八願が最後に来ている理由は後述します）。そのように念仏は阿弥陀への信仰が深まっていく道あるいは「行為の場」なのです。われわれはその構造をこれから見ていくことになります。

『正信偈』第二段　法蔵菩薩の修行の始まり

法蔵菩薩の修行

大乗仏教の時代になって人々はゴータマ・ブッダの生涯を浄土教的に解釈し直しました。ゴータマ・ブッダが出家し、約六年の間、修行し、悟りを開いた後の四十五年を人々の教化《きょうけ》に費やし、涅槃《ねはん》に入ったということはよく知られていました。このブッダの生涯を浄土教の人々は浄土教ヴァージョンに作り変えました。それが、法蔵菩薩が悟りを開いて阿弥陀仏となり、彼の国土である極楽（スカーヴァティー）において説法をしている、という阿弥陀仏の生涯です。人々はゴータマ・ブッダの生涯を浄土教の意味システムの中に移しかえたのです。ブッダの生涯に新しい意味が与えられ、その意味は時代とともに精緻なものとなり、やがて人々を導くような意味体系へと昇華しました。親鸞の思想あるいは教学はそのように昇華した意味体系の一つなのです。

『正信偈』はそのような新しい意味付けを法蔵菩薩の修行というかたちで語り始めます。「法蔵」（ダルマ・アーカラ）とは、法の鉱脈の意味です。仏教における実践のみならず行為一般が、原因（因）・過程（道）・結果（果）という道筋をたどります。この道筋を仏教では因・道・果と呼んできました。法蔵菩薩の場合もこのプロセスをたどります。それはとりもなおさずゴータマ・ブッダがたどった道のりでした。

　わたしは、阿弥陀仏はゴータマ・ブッダという歴史的存在の読みかえであると述べてきました。このような考え方に対して、「では、阿弥陀仏とは人々が作り上げた意味体系にすぎないのか」という疑問が生まれてくるでしょう。わたしは「そうです」と答えます。人間たちは自分たちが歴史の中で作り上げてきた意味のシステムの中で生きているのであり、その意味のシステムが人々の考え方を決定する場合もしばしばあるのです。仏教も儒教もそしてキリスト教もそれぞれの意味体系の歴史を有しているのです。

　では、なぜゴータマ・ブッダの生涯の浄土教ヴァージョンを必要としたのでしょうか。それは死後の「魂」の行方をゴータマ・ブッダの教えの中に見つけることができなかったことが唯一ではないとしても大きな理由だったと思われます。

　大乗仏教が台頭し始めた紀元前後は西アジアから北西インドにかけての精神文化の激動期でした。ヘレニズムの時代が終わりかけており、シリア、エジプト、トルコなどにおいて政権交代が見られた時期でした。インド西北部においては大月氏《だいげつし》が台頭しつつあったのです。このような状況の中にあってはインドにおいて宗教思想に大きな変化があっても不思議ではありません。

2

法藏菩薩《ほうぞうぼさつ》因位時《いんにじ》
在世《ざいせ》自在王佛所《じざいおうぶつしょ》
覩見諸佛淨土因《とけんしょぶつじょうどいん》
國土《こくど》人天之《にんでんし》善惡《ぜんまく》
建立無上殊勝願《こんりゅうむじょうしゅしょうがん》
超發希有《ちょうほつけう》大弘誓《だいぐぜい》
五劫思《ごこうし》惟之攝受《ゆいししょうじゅ》
重誓名　聲　聞十方《じゅうせいみょうしょうもんじっぽう》

法藏菩薩は因位《いんに》のとき
世自在王仏《せじざいおうぶつ》のみもとにて
諸仏浄土の因と
国土人天《にんでん》の善悪を見て
無上の殊勝なる願を建て、
希有の大いなる誓を建てた。
五劫の間、思惟《しゆい》してこれを受けた。
名声が十方に聞こえるように、と重ねて誓った。

法藏菩薩の因位の時、世自在王佛のみもとに在りて、
諸佛淨土の因、國土人天の善惡を覩見し、
無上殊勝の願を建立し、希有の大弘誓を超發せり。
五劫之を思惟して攝受す。
重ねて誓ふらくは名聲十方に聞こえんと。

〈大意〉法蔵菩薩が〔修行初めの〕因の位にあるとき、世自在王仏のもとで諸仏の浄土の原因ともろもろの国土における人や天の善悪を見て、この上ない勝《すぐ》れた願を建て、稀有《けう》の大いなる誓いを建てた。彼は五劫の間、それを考えぬいた。〔阿弥陀の〕名声が十方に聞こえるようにと重ねて誓ったのである。

【世自在王】伝康僧鎧訳の『大無量寿経』の初めの方「法蔵菩薩の発願と修行を語るくだり」において「その時、次に仏があり、世自在王という」（真聖全　第一巻　五頁、大蔵経　第一二巻　二六七頁上）とあります。この仏の前にも、錠光如来《じょうこうにょらい》、光遠《こうえん》、月光、栴檀光《せんだんこう》などの仏が現れます。その後に、世自在王が現れるのです。『大無量寿経』では法蔵菩薩とその師である世自在王仏との対話が続きます。法蔵菩薩はこの世自在王との対話において願を建立します。『正信偈』はこの対話を踏まえて、世自在王仏のみもとにて、大弘誓を建立した、と述べています。
『大無量寿経』において幾度も用いられている「世自在王」は「ローカ・イーシュヴァラ（世自在、loka-īśvara）・ラージャ（王、rāja）」の訳です。しかし、この「世自在」という訳にはいささか疑問が残ります。ここの「ローカ・イーシュヴァラ」の意味は「世（人々）の主あるいは長」ではないかと思われるからです。もちろん「イーシュヴァラ」は「〜に自由自在な者、堪能な者」という意味でしばしば用いられています。言葉あるいは智慧《ちえ》を司《つかさど》る文殊菩薩は「語自在」（ヴァーグ・イーシュヴァラ、ヴァーギーシュヴァラ）つまり、「語に自在なる者」と呼ばれます。『般若心経《はんにゃしんぎょう》』に現れる「観自在菩薩」（アヴァローキタ・イーシュヴァラ）とは「〔人々の助けを求める声を〕理解する（観《み》る）ことに自在なる者（堪能な者）」のことです。この場合の「観」は視覚的にものを見るということではなく、見抜くこと、理解することを意味します。

「世自在」とは中国語的に考えるならば「世の中を遮る者なく自由に往来できる者」、ようするにフリー・パスということです。一般に「イーシュヴァラ」というサンスクリット単語は神、特にシヴァ神を意味します。『大無量寿経』が漢訳された当時には「イーシュヴァラ」に対して「自在天」という訳語が定着していたので、ここでも「ローカ・イーシュヴァラ」（ローケーシュヴァラ）を「世自在」と訳したのでしょう。しかし、「世の中に自在に動くことのできる者」とは意味が明瞭ではありません。

後世、カトマンドゥ盆地では「ローケーシュヴァラ」といえば観自在のことであり、「人々の主」を意味します。盆地で有名な「百八観音」はそれぞれ「ローケーシュヴァラ」（ネワール語でローケーソール）と呼ばれています。今、問題にしている『大無量寿経』の場合も「人々の主」（世主）を意味したと考えられます。「世自在王」の「王」（ラージャ）は、この場合「〜の内の最も勝れたもの」を意味するのであって、政治的な意味での王ではありません。仏教経典のタイトルの最後にも「勝れた経典」の意味で「ラージャ」（王）の付くことがしばしばあります。

【諸佛浄土の因】　初期大乗仏教の頃までは仏はそれぞれ自分の国土を有しており、それぞれの国土には一人の仏が住むと考えられていました。この娑婆《しゃば》世界の仏は釈迦牟尼《むに》であり、極楽には阿弥陀仏がいます。「浄土」にあたるサンスクリットは初期浄土経典には見当たらないか、あるいは、少なくとも一般的ではありません。『阿弥陀経』では「仏国土」（ブッダ・クシェートラ）と述べられています。

「浄土の因」を、柏原祐義『正信偈講義』は「この国の成りたてる基因と、この国に往生する生因とを浄土の因といふ」と説明します〔柏原　一九一五：七四〕。国土すなわち「場」がまず基礎として必要です。仏は初めに「場」を造り、そしてそこに生まれるための因（生因）を用意したというのです。同書によれば、この国土は二つに分けられ、依報《えほう》（山河、大地、衣服、食物）であり、正報《しょうほう》（人間の肉体と精神）と考えられています。ようするに、器世間と世間です。器世間が浄土教においてどのように考えられてきたのかは大きな問題ですが、一般的には浄土教において器世間に対する関心はそれほど大きくはないようです。

【國土人天】　この「国土」の意味については二通りの解釈がなされてきました。一つには諸仏の浄土（仏国土）という意味で、もう一つは浄土と穢土《えど》（娑婆世界）という意味です〔内藤　二〇一七：四五～四六〕。わたし自身は後者の見解に賛成です。

【五劫】　インドにおいて世界は生まれ、住し、消滅するというサイクルを続けると考えられたのですが、その宇宙的周期（生・住・滅の一サイクル）のことを劫（カルパ）といいます。『大無量寿経』には法蔵菩薩は「五劫を具足し、仏国を荘厳《しょうごん》すべき清浄の行を思惟し、摂取せり」（真聖全　七頁）とあります。法蔵菩薩が五劫の間、思惟したという伝承に『正信偈』も基づいています。なぜ五劫なのかは不明ですが、おそらくはゴータマ・ブッダの数年間の修行期間を踏まえたものでしょう。ちなみに世自在王仏の寿命は四十二劫であり（真聖全　第一巻　七頁）、法蔵菩薩が悟りを開いて阿弥陀仏となってからすでに十劫が経《た》っていると『大無量寿経』に述べられています（真聖全　第一巻一五頁）。

「無量」の意味は測ることを超えているという意味なのか、測ることができないほど多いという意味なのかははっきりしませんが、仏教は永遠なるもの、恒常なるものの存在を認めようとしてきませんでした。（「恒」は変化する世界の中で変化しないものを意味し、「常」は変化する世界から超絶しているという意味と考えられますが、今はその区別には関わりません。）

なぜ『大無量寿経』をはじめ初期浄土経典が「無量なるもの」に関わるのでしょうか。『法華経』も久遠の仏を説きます。恒常なものの存在を認めてこなかったのが仏教であったはずです。もっとも観点を少しずらして考えるならば、ゴータマ・ブッダ以後の仏教の歩みは如何《いか》にして恒常なるもの、永遠なるものの存在を追い求めてきたかの歴史といえなくはありません。そもそも永遠なるもの、恒常なるものを考えたところで、それが実際にどのようなことかは誰にも分からないでしょう。分からないからこそ、人は永遠とか無量というのかもしれません。誰も永遠がいかなるものかを突き詰めたことはないわけですし、突き詰める必要もないでしょう。五劫あるいは十劫がどれくらいかの年月かをスーパー・コンピュータに計算させることも無意味です。

ともあれ、阿弥陀仏は無量寿仏とも呼ばれるようにその寿命は無量といわれます。阿弥陀仏の「生涯」ではゴータマ・ブッダの生涯と違って「涅槃に入ること」が見られません。というよりも、阿弥陀仏はゴータマ・ブッダがすでに涅槃に入ったすがたなのです。またインド仏教のみならず他の地域においても仏塔（ストゥーパ）は仏像以上に重要なものですが、インド初期の浄土経典では仏塔は問題とされません。仏塔とは本来はゴータマ・ブッダの遺骨を祀《まつ》ったものでしたから。大乗仏教経典の代表格である『法華経』には仏塔信仰についてしばしば述べられているのと対照的です。

【重ねて誓ふ】『大無量寿経』において法蔵菩薩は四十八願を建立した後で頌《じゅ》のかたちで重ねて願について述べていますが、「重ねて誓ふ」とはこれを指しています「柏原　一九一五：七五」。

『正信偈』第三段　法蔵菩薩の修行の成就

阿弥陀仏による救済

第三段は三つの部分に分かれます。阿弥陀仏による救済の基礎（縁）と直接的な原因（因）と救い（果）です。

第一（3・1）は阿弥陀仏の本質ともいうべき光明について述べられ、第二（3・2）は光明の有する働きによってどのような救済の原因が生育していくのかが述べられ、第三（3・3）では法蔵菩薩の願が成就するさまが述べられます。

曽我量深《そがりょうじん》『正信念仏偈聴記』には、「重ねて誓う」から「一切の群生《ぐんじょう》光照を蒙《こうむ》る」までのところを「如来浄土の果を、十二光のお徳をもって現わしたのであり」とあります［曽我　一九七二：九八］。阿弥陀の光明が「徳」と理解されているのです。

ところで、これらの光明は『大無量寿経』において無量寿仏のさまざまな別名のかたちで述べられています。すなわち『大無量寿経』には「このゆえに無量寿仏を、無量光仏、無辺光仏、無《む》礙《げ》光仏、無対光仏、炎王光仏、清浄《しょうじょう》光仏、歓喜《かんぎ》光仏、智慧光仏、不断光仏、難思《なんじ》光仏、無称光仏、超日月光《ちょうにちがっこう》仏と号す」とあります（大正蔵　第一二巻　二七〇頁上・中）。

一方『大無量寿経』の異訳である『如来会《にょらいえ》』（大正蔵　第一一巻　九五頁下）には十五の光明が、サンスクリットのテキストにはさらに多くの光明の名を有する仏が述べられています［藤田　二〇一五：九九～一〇〇］。十二という数にそれほどこだわる必要もないと思われますが、『正信偈』（3・1）における十二の光明はこれらの無量寿仏の別名に見られる光明のさまざまな在り方を指しています。

3・1

普放《ふほう》無量《むりょう》無邊光《むへんこう》
無礙《むげ》無對《むたい》光炎王《こうえんのう》
清淨《しょうじょう》歡喜《かんぎ》智慧光《ちえこう》
不斷《ふだん》難思《なんし》無稱光《むしょうこう》
超日月光《ちょうにちがっこう》照塵刹《しょうじんせつ》
一切《いっさい》群生《ぐんじょう》蒙光照《むこうしょう》

あまねく　量りがたく　無辺の光
さえぎるものなく　対するものなく　光炎の王
清らかな　よろこび　智慧の光
とぎれることなく　思い難く　ほまれの語もなき光
日月の光を超え　塵《ちり》の世を照らし、
一切の生きものはその光を蒙る。

普《あま》ねく　無量　無邊光、
無礙　無對　光炎王、

清浄　歓喜　智慧光、
不断　難思　無稱光、
超日月光　塵刹を照す、
一切の群生光照を蒙《こうむ》る。

〈大意〉あまねく、はかりがたい無量の光であり、さえぎるものもなく、相対するものもない、最も大きな光炎であり、清らかで、喜びそのものである光なのである。さらに、とぎれることなく、思い難く、誉れの言葉も見当たらない光であり、日月の光を超えてこの塵あくたの世を照らしている。一切の生きものはその光を蒙っている。

救済の基礎（縁）

『正信偈』において、無量寿仏はこれらの光明そのものであるとは述べられていません。もちろん、かの十二の光明が無量光仏の名前に基づいているのですが、『正信偈』の文面からは無量光仏が光明に他ならないと述べられているようにも感じられます。少なくとも光明と阿弥陀仏との距離は極めて小さいように聞こえます。すでに本書の三章で述べたように、親鸞自身、他のところでは「如来は光明である」（例えば『一念多念文意《もんい》』）と述べています。

親鸞は、これらの光明と明確に区別されたものとして無量光仏を考えてはいないと思われます。光明と仏との距離を極めて小さく考えることは、仏を「人間のすがたに似た」（アンスロポモルフィック）姿形では考えないことにつながります。これは親鸞の意図するところであったでしょう。

さらにこのことは浄土と阿弥陀仏との「違い」にも関係します。つまり、阿弥陀仏が「人間のすがたに似た」イメージで表象されることが多ければ多いほど、浄土は国土あるいは「器」のイメージを強くします。結果としては、浄土という国土あるいは「場」において阿弥陀仏が住むという「構図」がより明確になります。しかし、親鸞はこのようには考えなかったでしょう。彼は阿弥陀仏をできる限り「人間のすがたに似た」姿形で考えず、光明を本質と考え、浄土という「土」を光明という「場」によって考えたと思われます。親鸞は阿弥陀仏の像を重視しませんでした。彼が書き残したのは「南無阿弥陀仏」などの名号だったのです。

大乗仏教にあって光明はしばしば実践の最終段階や悟りの智慧と同一視されます。龍樹の伝統を引く中観派《ちゅうがんは》にあっても「空性《くうしょう》」は光明として表象され、世親によって確立された唯識派にあっても光明は彼らの実践である「ヨーガの行法」（瑜伽行《ゆがぎょう》）の最終段階において得られるものでした。インド後期仏教では密教的ヨーガ行法の一形態として「ナーローパの六法」という行法がありますが、その中で光明が重視されます。このように光明はインド仏教、さらにはチベットなど他の地域においても重視されました。

先ほどわたしは、親鸞は阿弥陀仏を人間のすがたに似た仏として考えることには消極的であったと述べました。しかし、阿弥陀仏は人格（ペルソナ）を伴っています。ペルソナを伴うということは、交わりが可能であるということです。呼び掛けることや呼び掛けられることが可能でなければなりません。本書では後ほど、大日如来について考察するのですが、このブッダにもペルソナがあります。阿弥陀仏と同様に、大日とも交わりが可能です。大日のサンスクリット「ヴァイローチャナ」も太陽の光り輝く様を表しています。阿弥陀と大日との違いはこれらの二人のブッダがそれぞれ世界とどのような関係を有するかにあります。阿弥陀は世界あるいは人を超越するというかたちで世界を救いますが、大日は世界に内在することによって世界を聖化します。

先ほど述べたインド大乗仏教における光明は、しかしながら、ペルソナを有していませんでした。浄土教における光明は、光明を名前とする仏たちなのです。光明は衆生の救いの基礎あるいは縁（条件）です。もっともこれが存するからといってただちに救いがあるわけではありません。基礎があるという状況のもとで直接的な原因が働く必要がありますが、その原因は次の章で扱われます。

救済の原因（因）

つづく3・2および3・3の四句は、『正信偈』の中で最も難しい箇所の一つです。この四句の意味を理解するためには少し準備が必要です。

「本願」とは、これまでにも触れたのですが、法蔵菩薩が修行の初めに建て、五劫の間、思惟したといわれるものです。一般に用いられている『大無量寿経』の漢訳（伝康僧鎧訳）には四十八の願が述べられていますので、「四十八願」と呼びならわされてきました。それぞれの願（誓）は一定の形式を有しており、「もしも人々が、このようにならなければ、わたしは仏とはなりません」というものです。彼は仏となりました。したがって、人々は救われている、というのが法蔵菩薩を核とする浄土思想の骨子です。「四十八願」がどのようなものかをまず見ることにしましょう。

第一願は伝康僧鎧訳『大無量寿経』によれば以下のようです。「たとえわたしが仏となることができたとしても、国に地獄、餓鬼、畜生（動物）があれば、わたしは正覚《しょうがく》を取らない（仏とはならない）」。このような願の実現はまず不可能だとほとんどの人は思うことでしょう。ともあれ、この願では、死後の魂の行方に対する言及はありません。

第二願には「たとえわたしが仏となることができたとしても、国中の人、天のいのち（寿）が終わって後、また三悪道（地獄、餓鬼、畜生）に戻ってしまうならば、わたしは正覚を取らない」とあります。この願は、人々が輪廻《りんね》の中にあることを前提にしていますが、極楽浄土に対する言及はありません。この後、第三願では「国中の人、天の身体が金色でなければ」とあり、第四願では、「国中の人、天の身体に麗しい（好）とか醜いとかの差別があれば、わたしは正覚を取らない」とあります。

第五から第一〇までの六つの願は、六神通を人々が得ることのできるまでは自分は仏にならないと誓います。六神通とは以下の六つの超能力のことです。

一　宿命通《しゅくみょうつう》　自分や他人の寿命や過去世のことを知る能力（第五願）
二　天眼通《てんげんつう》　世界のことがらのすべてを知る能力（第六願）
三　天耳《てんに》通《つう》　世間の声を漏らさず聞くことのできる能力（第七願）
四　他《た》心通《しんつう》　他人の心の中を知る能力（第八願）
五　神足通《じんそくつう》　どこにでも思い通りに行くことのできる能力（第九願）
六　漏《ろ》尽通《じんつう》　煩悩を滅し尽くして迷いの世界から脱する能力（第一〇願）

これまでの十の願はどちらかといえば世間的な繁栄、利益に関するものでしたが、次の第一一願に至って、浄土信仰の核心に触れます。後に見る『正信偈』（3・3）における「必死滅度の願」とはこの第一一願を指しており、『正信偈』のみならず阿弥陀信仰において特に重要な願です。第一一願は以下のようです。

第一一願　たとえわたしが仏となることができたとしても、国中の人、天（神々）が〔正《「しょう」》〕定聚《じょうじゅ》に住し、必ず滅度（悟り）に至らなければ、わたしは正覚を取らない。

ここの「（正）定聚」という語は伝康僧鎧訳『大無量寿経』に従っています。その意味には幾通りもの解釈が可能であり、これまでにもさまざまな解釈がなされてきました。「定」とは阿弥陀による救いが決定しているという意味なのですが、その救いがどのようなものであるのかについてはさまざまな理解がありました。また、浄土に生まれることが「救い」ならば、それは死後のことなのか、生前のことなのかについても意見が分かれています。

この願のサンスクリットからの訳は、以下のようになります［藤田　二〇一五：七六］。

もしも、世尊よ、かのわたくしの仏国土にうまれるであろう衆生たちが、すべて、大般涅《だいはつね》槃《はん》にいたるまで、すなわち正しい位（正性）に決定した者とならないようであるならば、その限り、わたくしは無上なる正等覚《しょうとうがく》をさとりません。

涅槃

「大般涅槃」（マハーパリニルヴァーナ、mahāparinirvāṇa）とは解脱した者の最終的な涅槃（入滅）を意味し、元来は釈迦牟尼の入滅を意味したのですが、ここでの用法に見られるように釈迦牟尼以外の者の「涅槃」（ニルヴァーナ）の意味でも用いられるようになりました［藤田　二〇一五：二一二］。サンスクリット・テキストによれば、「（正）定聚」とは「正しい位（正性）

に〔入ることの〕決定した者」を意味します。

先ほど述べたように伝康僧鎧訳『大無量寿経』では「〔正《しょう》〕定聚《じょうじゅ》」とはなくて「定聚」とあるのみですが、一般に「正定聚」と呼ばれている語の意味であることは明らかです。親鸞の『尊号真像銘文』（註釈版、六七一頁）には「『成等覚《じょうとうがく》』といふは正定聚の位なり」とあります。正定聚とは、ここでは阿弥陀の救いにあずかることが決定しており、後戻りすることのない人々のことです。「成等覚」とは究極の悟りを得ることを意味します。

『大無量寿経』の異訳である『如来会』（唐訳）には「もしもわたしが成仏できたとしても、国の内の有情、もし決定して等正覚を成り大涅槃に証しないならば、菩提を取らない」（若我成仏、国中有情、若不決定、成等正覚、証大涅槃、不取菩提）（大正蔵　第一一巻　九三頁下）とあります。親鸞はこの『如来会』の訳文によって「証大涅槃の願」（大涅槃を証する願）とも呼んだと考えられます。

無量の光明

第一二願は「光明無量の願」と呼ばれます。「無量の光明が国々を照らさないならば、わたしは仏になりません」というものです。第一三願は「寿命無量の願」と呼ばれ、「寿命に限度があるならば、わたしは仏にならない」という誓いです。第一四願の「声聞無数《しょうもんむしゅ》の願」とは、

「国中の声聞（ブッダの説法を聞いて悟った者）の数に限りがあれば、わたしは仏にならない」という願です。第一五の「眷属《けんぞく》長寿の願」とは、「法蔵の国（極楽）において人々の寿命が無量とならねば、わたしは仏とはならない」という願です。「眷属」とは一般に取り巻き・家来などを指しますが、ここでは人々というほどの意味です。この願では「衆生を救うために、自分の寿命を自在に縮小する場合は除く」という条件がついています。

第一六願は「無《む》諸《しよ》不《ふ》善《ぜん》の願」と呼ばれてきました。この願は「わたしの国に不善の名すらあるようならば、わたしは仏とはならない」というものです。「不善」とある箇所は、後漢の訳『平等覚経《びようどうがくぎよう》』（大正蔵　三六一番）には「悪心《おしん》」とあります。「不善」あるいは「悪心」のサンスクリットで「ア・クシャラ」（akuśala）ですが、このサンスクリットは一般に「悪」を意味するというよりは、「病気など、なにか問題がある」というような意味で用いられます。「クシャラ」は「無事」の意味です。例えば、「お元気ですか」というような挨拶の場合に「アピ・クシャラム」（api kuśalam）といいます。『法華経』第二章（方便品《ほうべんぼん》）に見られる「善巧方便《ぜんぎようほうべん》」（巧みな手段）の「善巧」も「クシャラ」です。一方、アビダルマ仏教において貪り、憎しみ、無知などの「善くない煩悩」をまとめていう場合に「不善なるもの」（ア・クシャラ）と呼ばれています。今の場合はおそらくアビダルマ仏教におけるような意味で用いられているのでしょう。

浄土信仰の構造

次の第一七願（諸仏称揚《しょうよう》の願）から第二〇願までが『正信偈』のみならず浄土信仰の構造を知るために特に重要です。

第一七願　たとえわたしが仏となることができたとしても、十方世界の無量の諸仏、ことごとく讃嘆してわたしの名を称えなければ、わたしは正覚をとらない。

ここで「名を称える」とありますが、「名」のサンスクリットは「ナーマデーヤ」（nāmadheya, 名前として与えられているもの）であり、ようするに名前のことです。またこの場合の「称える」とは必ずしも名前を声に出して称えることを意味しません。経にある「名前」を「南無阿弥陀仏」という名号と捉え、「名を称える」とは実際に声を出して名号を称えることであるという解釈は後世の浄土教の中で生まれてきたものです。

従来、四十八願の中で、一九、二〇および一八の三願がセットとして考えられてきました。一八願が最後に来ている理由については後に述べます。以下の論議の便宜上『大無量寿経』の中のテキストを読み下したものを次に出しておきます。

第一九願　たとえわたしが仏となることが可能であったとしよう。十方の衆生、菩提心を発《おこ》し、もろもろの功徳を修め、至心に願を発して、わが国に生まれんと欲し、命の終わるときに臨んで、我もし大衆とともに囲繞《いじょう》してその人の前に現れなければ、わたしは正覚を取らない。

第二〇願　たとえわたしが仏となることが可能であったとしよう。十方の衆生、わが名号を聞き、念をわが国にかけ、もろもろの徳を植えて、至心に廻向《えこう》して、わが国に生まれようと欲するとき、この願いが果たされなければ、我は正覚を取らない。

第一八願　たとえわたしが仏となることが可能であったとしよう。十方の衆生が至心に信楽《しんぎょう》してわが国に生まれんと欲して、十念ほどでも行った後、もし生まれなければ、わたしは正覚を取らない。ただ、五逆の罪を犯すものと正法を誹謗《ひぼう》するものを除く。

後に考察することになりますが、親鸞はこの第一八願に五つの願の意味を読み取りました。(一)「至心に信楽してわが国に生まれんと欲して」に第一八願を、(二)「十念ほどでも行った後」に第一七願を、(三)「もし、生まれなければ」に第一一願を、(四)「正覚を取らない」に第一二、一三の両願を読み取ったのです。このような解釈が親鸞の『教行信証』の根底にあると従来考えられてきました［大原　一九三七：五四］。

第一九願では「菩提心を発し」という箇所が、第二〇願では「至心に廻向して」という箇所が、そして第一八願では「至心に信楽して」という箇所が後世、真宗、特に親鸞の教学において重要になりました。これらの三つの願は、信仰の歩みのプロセスを示すものとして理解されたのです。第一九願からり第二〇願に至り、そして最終的には第一八願に至るというプロセスが考えられてきたのです。このような意味で先ほどは、第一八願を第二〇願の後に述べたのです。

第一、つまり一九願の「菩提心を発し」とは、まず実践の前提です。阿弥陀にすべてを託す信仰であっても、あるいはそれだからこそ、まず実践者の発意が必要です。このことは、真宗において「禁じられている」はからい、自力とは異なります。

第二の二〇願では、「至心に廻向して」とありますが、廻向とは自らの行為、あるいは力、あるいは時間を他者へと振り向けることです。ようするに自己否定による他者のための行為であります。

第三、一八願の「至心に信楽して」とは、阿弥陀信仰への決意をなし、自己否定の行為をなし、あるいはなしつつ、阿弥陀に自分の存在を託すことに喜びを見出《みいだ》す段階に達した状態を指していると解釈できます［立川 二〇二二：一一五～一一六］。

四十八願のうち、第二〇願までをみてきました。この後の願の考察は省略しますが、第二一願以降、第三五願、第四三願には衆生の命が終わった後のことが言及されているものの、その他の願は特に死後の「魂」は問題とされていません。

第一九、第二〇から第一八までの願にあっては死後の「魂」が問題になっています。また浄土教学はこの三願を通じて死後の魂の行方を特に問題としてきたのです。

『正信偈』3・2の二句は往生の因であり、3・3の二句は往生の果と考えられます［大原一九三七：五三］。この四句は『正信偈』の内容の中核ともいえます。

3・2に見られる「本願の名號は正定の業なり」は第一七願を指し、「至心信樂の願を因と爲す」は第一八願を指していると考えられてきました［大原　一九三七：五五］。これは、親鸞が第一八願の中に五つの願の意味を読み取ったと述べた際にすでに語られていたことです。

親鸞は第一八願の中に五つの願を読み取りました。第一八願の「（一）至心に信楽してわが国に生まれんと欲して、（二）十念ほどでも行った後、（三）もし生まれなければ、（四）正覚を取らない」という部分をもう一度思い出してください。（一）と番号を振った箇所は第一八願の核心、（二）は第一七願、（三）は第一一願、（四）は第一二および一三願を指していると親鸞は解釈したのです。これは伝統的に「五願開示」と呼ばれてきました。この「開示」は有名かつ重要なものですので、ここで触れましたが、その教学的意味の考察には立ち入らないことにします。

往生の因

『正信偈』３・２をみていきましょう。

なお『正信偈』３・２の二句から４・２の「即ち横に五悪趣を超截す」までの二十句について親鸞の『尊号真像銘文』に説明があります。それによれば「本願の名號は正定の業なり」とは選択《せんじやく》本願の行であり、「至心信樂の願を因と爲す」とは弥陀（阿弥陀）如来廻向の真実信心を指します（註釈版、六七一頁）。

ここで親鸞は阿弥陀の名称を称えるという行為が救いの原因となるのでもなく、阿弥陀を至心に信ずることが救いの原因となるのではないと強調しているのです。すなわち、人々にはそのような力はなく、すべてが阿弥陀仏の働きによるというのです。

法蔵菩薩の建てた願、特に第一七願に誓われた名号は、浄土に行くことが決定する業（行為）である、というのが初めの一句の意味です。次の句は、至心に阿弥陀の救いを信ずる願（第一八願）は救いの原因である、というのです。両者は無関係ではありませんが、二つのことが並列的に述べられています。

３・２

本願名號正定業《ほんがんみょうごうしょうじょうごう》
至心信樂願爲因《ししんしんぎょうがんにいん》

本願の名號は正定の業なり、
至心信樂の願を因と爲す。

本願の名号は正定業である。
至心と信楽の願は［救いの］因である。

〈大意〉法蔵菩薩の建てた本願に誓われた名号は、浄土に行くことが決定する業（行為）である。至心に阿弥陀の救いを信ずる願（第一八願）は救いの原因である。

【本願】親鸞の『尊号真像銘文』には「選択本願」とあります。「選択」とは法蔵菩薩が願を建てる際に、過去の仏たちが建てたさまざまな願から選んだ、という意味なのですが、親鸞にあってはほとんどの場合、第一八願を指します。もっとも親鸞にあっても第一七および一一も本願と考えられる場合があります［内藤　二〇一七：六二］。

【名號】名号には「南無阿弥陀仏」の六字名号、「南無不可思議光仏」の八字名号、「南無不可思議光如来」の九字名号などがありますが、六字名号が一般的です。親鸞自身、「南無阿弥陀仏」の他、「南無不可思議光仏」や「帰命尽十方無碍光如来」などの名号を残しています［真宗教団連合・朝日

新聞社編 二〇一一：二三、二四〕。

【正定の業】「正定」については、すでに述べましたが、衆生がまちがいなく阿弥陀の救いにあずかることです。「業」とは、「結果を引き起こす原因になるべきはたらき」を意味します〔多田 一九〇七：九〇〕。つまり、衆生が自分の意志で積み重ねていく行為をいうのではなくて、阿弥陀仏の本願を具現する名号すなわち念仏のはたらきが、ここでは「業」と呼ばれているのです。

【至心信樂の願】 これは第一八願を指しています。第一八願では「至心《ししん》・信楽《しんぎょう》・欲生《よくしょう》」という三つの心（三心）が語られていました。もう一度第一八願の関係する部分を引用してみましょう。

> 十方の衆生が至心に信楽してわが国に生まれんと欲して、十念ほどでも行った後、もし生まれなければ、わたしは正覚を取らない。

『正信偈』における「至心と信楽の願」では「至心、信楽、欲生」の三つを文字数の関係で「欲生」が省略されています。すでに述べたように、この第一八願が成就したときには人は阿弥陀仏にすべてを託しており、心から信じ浄土に生まれんと思っています。この第一八願が浄土教における救い、つまり浄土に生まれることの原因なのです。

では、浄土に生まれる、とはどのようなことでしょうか。親鸞自身が浄土をどのようなものと考えていたのかはむろん大きな問題でありますが、それについてはこれまでに多くの研究・考察がなされています。ここでは今日、われわれは浄土をどのようなものと考えることができるのかという問いを考えることにしましょう。といっても、その取り組みはわたし自身がどのように考えるのかというかたちで語る以外方法はないのですが。

浄土とは何かという問いは、死後の世界はあるのかという問いと近いものです。わたし自身は死後においても生前の自覚意識を持ったままの時間（世界）があるとは考えることができません。死後のことは分からないのですが、死後に行くべき国、例えば極楽浄土が実在するとは考えられないのです。しかし、死は確実にやってきます。死の瞬間の中に浄土があるとわたしには思われます。

わたしはかつて『三人のブッダ』の中で、浄土について次のように述べています［立川　二〇一九：一〇七～一〇八］。

人は自分の時間の終わりを意識して念仏します。念仏において自分を差し出すのです。心肺停止する瞬間ではなくともわれわれは刻々と終わり（死）に向かって少しずつ自分を「何ものか」に渡しているのです。その「何ものか」は恐ろしき暗黒ではなく、聖なる寂静《じゃくじょう》の「時」です。その聖なる「時」を阿弥陀と仏教の伝統は名付けてきました。念仏とは死に向かって少しずつ自分を聖なる時に渡し続ける阿弥陀との交わりなのです。

人は死に際してかの聖なる時の中に飛び込むのです。心肺停止の時は最終的な大きな飛び込みですが、実際に今も飛び込んでいるのだと思うのです。自分の時間の死というものに接しながら人は自分の時間の終わりごとに無時間の自分の世界とは違うところに飛び込んでいます。

「自分の時間の終わり」とはかならずしも心肺停止の段階をいうわけではありません。心臓は生きている限り動いていますが、拡張と収縮を繰り返します。われわれの息も吸う場合と吐く場合とが交互に繰り返されます。ちょうどそのように念仏にあっても自らの生と死が小さな規模においてではありますが、繰り返されるのです。その繰り返される小さな死の度に自分の自らの生の時間を名を呼んでいる相手に託します。心肺停止の時が近づけば最終的に己《おの》が存在を託すのです。その死の時間は物理的に計ることのできる日常的な時間ではありませんが、その時間をわたしは浄土と呼んでいます。

往生の果

次の3・3における「必死滅度の願」は3・2で説明した第一一願を指していると親鸞の『尊号真像銘文』から読み取ることができます〔内藤　二〇一七：六二〕。

3・3

成等覚証大涅槃《じょうとうがくしょうだいねはん》　**等覚を得て大涅槃を証することは、**
必至滅度願成就《ひつしめつどがんじょうじゅ》　**必ず滅度に至るという願の成就である。**

等覺を成り、大涅槃を證することは、
必死滅度の願成就なり。

〈大意〉仏に近い悟りを得て死を迎えるならば、必ず阿弥陀の救いにあずかるという願（第一一願）が成就する。

【等覺】仏の悟りに「等しい」けれども、仏の悟りにはまだ至っていない覚りと考えられています。仏となるべく努力をしている菩薩の悟りです。

【大涅槃】第一一願の説明の際に述べたように、大涅槃（大般涅槃、マハーパリニルヴァーナ）は釈迦牟尼の死をいうこともありますが、一般の人の死を指すこともあります。ゴータマ・ブッダ以来の伝統として、死はさまざまな心の汚れや煩わしさ（煩悩）の鎮まった寂静の世界と考えられてきました。もちろん涅槃とは単に生物学的に心肺停止の状態に至ることを意味するのではありません。生物学的生命体としての活動の終わった結果、煩悩のなくなった者に対して「聖なる意味の付与」が行われるのです。

涅槃（ニルヴァーナ）の原意は、ローソクの芯がなくなって炎が消える場合のように、あるものの活動がふき消えることです。龍樹の『中論』の中でも「ニルヴァーナ」という語はしばしば用いられていますが、必ず死を指しているとはかぎりません。しかし、『正信偈』のこの部分にあっては、それぞれの人が迎えねばならぬ死が意味されています。浄土に生まれることをここでは涅槃と呼んでいるのです。

親鸞において、さらには阿弥陀信仰において、人の死（涅槃）のみが問題となるのかはまた別途考察さるべきです。わたし自身は阿弥陀信仰においては死後の魂のみが問題にされているとは考えていません。また「死」とはそもそも何を指しているのかという問題は阿弥陀信仰という場以外においても考えられるべき問題でもあります。

【必死滅度の願】　必ず滅度に至るようにという誓いの意味ですが、これは第一一願のことといわれています。

『正信偈』第四段　釈迦の教え

釈迦出世の目的

これまで第一段から第三段までの『正信偈』は浄土信仰の基礎理論を語ってきましたが、これ以降の第四段から第五段まではその歴史に関する説明です。

第四段は「如来」が歴史に登場した（出世）理由、その教えの内容と結果が述べられています。第五段は「如来」以降に登場した人物、すなわちインドの龍樹（紀元一五〇～二五〇年頃）と世親《せしん》（天親《てんじん》、四〇〇年頃活躍）、中国の曇鸞（四七六～五四二？）、道綽《どうしゃく》（五六二～六四五）および善導（六一三～六八一）、日本の源信（九四二～一〇一七）と法然（一一三三～一二一二）の簡単な生涯と思想が述べられています。

『正信偈』4・1では「如来」が世に出られた理由が語られます。ただ「如来」とは誰のことなのでしょうか。「如来」とはサンスクリット「タターガタ」（tathāgata）の訳です。「タター・ガタ」（tathā-gata）とは元来は「このような状態（タター）に至った者（ガタ）」を意味したと思われますが、「ガタ」には「知った者」の意味もあり、「真理を覚った者」の意味となりました。チベットでは「テ・シン・シェク・パ」「このように〔ありのままに〕お行きになった者〔悟られた者〕」と訳されています。一方、中国では「ありのままに（タター）来られた者（アーガタ）」（tathā-āgata）という解釈がなされて「如来」と訳されてきました。

日本でも「如来」という語が一般に用いられていますが、ようするに仏陀という意味です。もっとも「如来」は大乗経典の仏を指すことが多いということはいえます。

『正信偈』4・1の「如来」は釈迦牟尼つまりゴータマ・ブッダを指しているのでしょうか、あるいは経典の中に説かれているもろもろの仏、例えば世自在王仏などをも含んでいるのでしょうか。親鸞は『尊号真像銘文』の中で第一の「如来」を説明して「諸仏」（註釈版、六七一頁）と述べています。したがって、親鸞は第一の「如来」を釈迦牟尼一人ではなくてもろもろの仏の意味で用いていたようです。しかし、第二の「如来」に対しては「釈迦牟尼」のことであると述べています（註釈版、六七二頁）。

一方、親鸞の唯一の真蹟本の『教行信証』（坂東本《ばんどうぼん》）では、第一の「如来」の右脇に「釈迦」と記入されたものが抹消されており、第二の「如来」に関しても「坂東本」では、「釈迦」を「如来」と改めています〔内藤　二〇一七：九〇、九三〕。このように今挙げた資料からは『正信偈』4・1において親鸞が「如来」をどのように考えていたかははっきりしないところがあります。

しかし、これは大きな問題とはならないでしょう。親鸞は釈迦牟尼のイメージとして今日われわれが歴史的に考えるゴータマ・ブッダを考えていたわけではないと思われます。第五段の叙述に見られるように、親鸞はいわゆる「歴史的感覚」を持っていましたが、第四段においては釈迦族の太子としてのゴータマ・ブッダの生涯を、まったくといってよいほど述べていません。誕生、出家、修行、悟り、説法、涅槃というゴータマの生涯の所行を親鸞が知らなかったはずがありません。第四段において、親鸞は釈迦牟尼つまりゴータマ・ブッダの涅槃および彼の遺骨を祀った仏塔については言及していません。

このことは、阿弥陀信仰にあって仏塔がほとんど役割を果たさないことと相応しています。第五段においては浄土教の祖師たちの生涯が歴史的人物として描かれているのと対照的です。『正信偈』４の要点は、「如来」が世に出たのは阿弥陀仏の本願を述べるためであった、ということです。

ここでは、今日のわれわれの歴史的感覚からすれば、一種の逆転が起きていると感じられます。ゴータマ・ブッダによって仏教が誕生した後、三、四世紀経ってから阿弥陀崇拝が生まれたというのではなくて、阿弥陀仏の本願がまず存在しており、それを説くためにブッダ（如来）が世に現れたというのです。

このように主張するためには、『正信偈』４・１における「如来」を釈迦牟尼一人に限定することなく、もろもろの仏と考えた方がより整合的に聞こえるかもしれません。真宗の「神学者」曽我量深（一八七五〜一九七一）は、「阿弥陀仏が釈迦牟尼如来として、この五濁《ごじょく》の世界に応現なされた。それで、ここに如来とおおせられたのであろうと思われます」と述べています

［曽我　一九七二：一五五］。

ともあれ親鸞によれば、釈迦牟尼の誕生以前に法蔵菩薩の願は成就しており、阿弥陀仏は浄土において法を説いていたのです。このように考えることは、親鸞にとって浄土教というシステム（意味構造）を確立するためには必要なことでした。

わたし自身、阿弥陀仏がまず存在していたというような浄土教的前提の重要性は理解できますが、本書のもくろみは近代的な歴史観に基づいた上で、阿弥陀信仰をどのように歴史の中に位置づけるのかを考えることです。

4・1

如來所以《にょらいしょい》興出世《こうしゅつせ》
唯説彌陀本願海《ゆいせつみだほんがんかい》
五濁悪時群生海《ごじょくあくじぐんじょうかい》
應信如來如實言《おうしんにょらいにょじつごん》

如来　世に出られたのは
ただ弥陀の海のような本願を説かんためである。
五濁の悪時にいる生類は
まさに如来の真実の言葉を信ずべきである。

如來世に興出し給ふ所以は、
ただ彌陀本願海を説かんとなり、

五濁惡時の群生海、
まさに如来如實の言を信ずべし。

〈大意〉如来が世に出られたのは阿弥陀仏の本願を説くためであった。五つの汚れがはびこる世にいる人々は如来の真実の言葉を信ずるべきである。

【五濁】悪世における五つの汚れのこと。すなわち、「劫濁《こうじょく》」（戦争や疫病などのある時代（劫）の汚れ）、「見濁」（考え方、思想の汚れ）、「煩悩濁」（貪り、憎しみ、無知などの心の汚れ）、「衆生濁」（衆生つまり人々の道徳心などににごりが生ずること）および「命濁《みょうじょく》」（人々の寿命が短くなっていくこと）をいいます。この「五濁」の概念は、すでに初期経典である『雑阿含経《ぞうあごんきょう》』三二巻（大正蔵　第二巻　二二六頁下）や紀元一世紀頃の成立と考えられる『スカーヴァティーヴューハ・スートラ』（『阿弥陀経』、大正蔵　第一二巻　三四八頁上）などに見られますから、かなり古い時代から知られていました。「五濁」の考え方は、末法思想とは一応別のものです。末法思想とは仏の教えが時代とともに人々の間で忘れ去られていく、あるいは仏法が行われなくなっていくことをいいます。もっとも末法の世の中では五濁がますますはびこることになるかもしれませんが。

教えとその結果

4・1では、如来が世に出られたのは阿弥陀の本願を述べるためだと述べられました。次の

4・2ではその本願が現実的に人々の間でどのように働くのかが語られます。

4・2は少し長いので便宜上二つに分けています。4・2・1のポイントは初めの二句です。阿弥陀の本願に気づき、それを喜び慕う心が生まれた瞬間に人は浄土に生まれる決定を得るというのです。本願に気づき、それを喜ぶときから幾つかの段階を経るのではなくて、喜びのまさにその時に未来における涅槃（浄土に生まれること）を得るというのです。

4・2・1

能發一念喜《のうほついちねんき》愛心《あいしん》
不《ふ》斷煩惱得涅《だんぼんのうとくね》槃《はん》
凡聖逆謗齊廻入《ぼんしょうぎゃくほうさいえにゅう》
如衆水入海一味《にょしゅすいにゅうかいいちみ》
攝取心光常　照護《せっしゅしんこうじょうしょうご》
已《い》能雖破《のうすいは》無明闇《むみょうあん》
貪愛瞋憎之《とんないしんぞうし》雲霧《うんむ》
常覆眞實信心天《じょうぶしんじつしんじんてん》
譬《ひ》如日光覆《によにっこうふ》雲霧《うんむ》

〔往生の決定する〕時に喜愛の心を起こすことができれば、
煩悩を断ずることなく〔浄土において〕涅槃を得る。
凡聖や逆謗が等しく心をひるがえして〔信心に〕入るのは
多くの川が海に入って一味となるようなものだ。
おさめとる〔弥陀の〕心の光は常に〔世を〕照らしまもり、
すでに無明の闇を破るとはいうが、
貪りと憎しみの雲霧《うんむ》は
常に真実の信心《しんじん》の天空を覆っている。
それは日光が雲霧を被《かぶ》っても、

雲霧《うんむ》之《し》下《げ》明無闇《みょうむあん》　　**雲霧の下は光があり闇はないようなものだ。**

能く一念喜愛の心を發せば、
煩惱を斷ぜずして涅槃を得るなり、
凡聖逆謗齊しく廻入すれば、
衆水海に入りて一味なるが如し。
攝取の心光は常に照護したまふ、
已に能く無明の闇を破ると雖《いえど》も、
貪愛瞋憎の雲霧は
常に眞實信心の天を覆へり、
譬《たと》へば日光の雲霧に覆はるといへども、
雲霧の下明らかにして闇なきが如し。

〈大意〉信心（一念）において阿弥陀仏の救いに対する喜びを慕う心を起こすことができれば、煩悩を断つことなく浄土に生まれて涅槃に達することができる。凡夫、聖人、五逆を犯す者、法を誹謗する者が等しく心をひるがえして信心の海に入るのは、あたかも多くの川の水が海に入って一味となるようなものだ。阿弥陀仏のおさめとる心の光は常に世を照らしまもり、すでに無明の闇を破るとはいう。しかし、貪りと憎しみの雲や霧は常に真実の信心の天空を覆っている。それは日光が雲霧を被るようなことがあっても、雲霧の下は明らかにして闇はないようなものだ。

【一念喜愛の心】阿弥陀仏に対する信心（一念）において〔阿弥陀仏の救いに対する〕喜び（喜）と慕うこと（愛）の心を意味します。柏原祐義『正信偈講義』には「信の一念で、ひとおもひの信心といふこころである」とあり〔柏原　一九一五：一五六〕、早島鏡正『正信偈をよむ：入門教行信証』には「およそ、誰でもひとたび本願のいわれを聞いて、信心喜ぶ人となれば」とあります〔早島　一九九五：七三〕。この「一念」については真宗教学の中で議論されてきましたが、本書ではこの問題に立ち入らないことにします。今は内藤知康『聖典読解シリーズ5　正信偈』に従って往生の因が決定する瞬間の意味で理解しています〔内藤　二〇一七：一〇二〕。

【凡聖】凡夫すなわち貪り、憎しみ、無知に染まっている者たちのことであり、聖（聖者）とは智慧深く、修行を進めている者をいいます。ようするに、すべての人のことです。

【逆謗】五逆の者と謗法《ほうぼう》の者。五逆に小乗（テーラヴァーダ）仏教の五逆と大乗仏教の五逆の二種があります。前者は父殺し、母殺し、阿羅漢（尊い者の意、修行の進んだ聖者）殺し、僧侶の和を妨げること、悪心によって仏の身体から血を出させることです。後者は、（一）仏像や塔を壊し、経蔵を焼いたりすること、（二）声聞《しょうもん》（ブッダの教えを聞いて悟った者）・縁覚《えんがく》（ブッダの教えを直接聞くことなく悟った者）・菩薩（悟りへの勇気を保つ者）の法をそしること、（三）僧侶をそしること、（四）小乗の五逆を犯すこと、（五）因果の道理をわきまえず、殺生・盗み・邪淫・虚言などの十悪を行うことです。謗法とは、仏の存在を否定し、法をそしることです。

【衆水】さまざまな川、河。ここでは多くの川が海にそそがれる様が譬《たと》えに用いられています。

【日光の雲霧に覆はる】ここでは「覆」は動詞であり、「雲霧」は目的語です。「覆」をものを覆うの意味にとれば、「日光が雲霧をおおう」となり、意味が成り立ちません。ここでは「覆」は「被覆」という場合におけるように被るという意味と思われます。

他力と自力

次に4・2・2を見てみましょう。この段落では親鸞の浄土信仰の構造が語られています。この節の第二句の「横」という語が用いられていますが、この文字は他力と自力という場合の他力の在り方を指しています。『正信偈』には用いられていませんが、自力の在り方を示す語は「竪《しゅ》」です。

4・2・2

獲《ぎやく》信《しん》見《けん》敬《きよう》　大《だい》慶《きよう》喜《き》
即《そく》横《おう》超《ちよう》截《ぜつ》五《ご》惡《あく》趣《しゆ》
一《いつ》切《さい》善《ぜん》惡《まく》凡《ぼん》夫《ぶ》人《にん》
聞《もん》信《しん》如《によ》來《らい》弘《ぐ》誓《ぜい》願《がん》
佛《ぶつ》言《ごん》廣《こう》大《だい》勝《しよう》解《げ》者《しや》
是《ぜ》人《にん》名《みよう》芬《ふん》陀《だ》利《り》華《げ》
彌《み》陀《だ》佛《ぶつ》本《ほん》願《がん》念《ねん》佛《ぶつ》
邪《じや》見《けん》憍《きよう》慢《まん》惡《あく》衆《しゆ》生《じよう》
信《しん》樂《ぎよう》受《じゆ》持《じ》甚《じん》以《に》難《なん》
難《なん》中《ちゆう》之《し》難《なん》無《む》過《か》斯《し》

信を獲《え》て見て敬ひ、
大いに慶喜すれば、
即ち横に五悪趣を超截す、
一切善悪の凡夫人、

信を得たことを知り、敬い大いに喜ぶならば、
たちまち横さまに五悪趣を超えることができる。
すべての善悪の凡夫人が
如来の弘誓願を聞信すれば、
仏は、この人を広大勝解者といわれ、
「白蓮華」と名づけた。
弥陀仏の本願に基づく念仏に対して
邪見を持ち驕慢な悪衆生が
信楽を保つのは難しい。
難しいことの中でも難しいことだ。これ以上に難しいことはない。

如來の弘誓願を聞信すれば、
佛は廣大勝解の者とのたまへり、
この人を芬陀利華と名づく。
彌陀佛の本願念佛は、
邪見憍慢の惡衆生、
信樂受持すること甚だもつて難し、
難中の難斯に過ぎたるはなし。

〈大意〉信を得たことを知り、敬い大いに喜ぶならば、たちまち横さまに（他力によって）地獄、餓鬼などの五悪趣を超えることができる。善人であれ悪人であれ、すべての凡夫が如来の誓願を聞信すれば、仏は、この者を広大勝解者といわれ、「白蓮華のような人」と呼んだ。阿弥陀仏の本願に基づく念仏に対して邪見を持ち驕慢《きょうまん》な悪衆生が信心を保つのは難しいことだ。如来は阿弥陀仏の本願を述べ伝えようとしているが、邪見に満ち、驕慢な心の人が多いこの世では阿弥陀の本願に気づくことは難しい。

【見】「信を獲《え》て見て」とありますが、これは「信を得たことを知り」の意味です。

【横】『尊号真像銘文』において親鸞は「横超」を説明しています。「『横』（よこ、おう）はよこさまといふ、如来の願力なり。他力を申すなり。『超』はこえてといふ。生死の大海をやすくよこさまに超えて無常大涅槃のさとりをひらくなり」（註釈版、六七三頁）。「横」とは自分の力によるのではなく、阿弥陀仏の力（他力）によるということが「横さま」と表現されています。一方、「自力」による修行階梯《かいてい》を「下から上に進んでいく（超える）方向」つまり「竪」（たて、しゅ）と呼びます。また『尊号真像銘文』から判断して、この引用における「大涅槃」が釈迦牟尼の涅槃を指していないことは明らかです。

一方で、親鸞は「横」と対になる「竪《しゅ》」という概念に関しても「信文類」（菩提心釈、註釈版、二四六頁）において述べています。「しかるに菩提心について二種あり。一つには竪、二つには横なり」。さらに親鸞は竪と横についてそれぞれ二種（超《ちょう》と出《しゅつ》）があると述べていますので、四種の教えがあることになります。親鸞は真言、法華、華厳、法相、浄土などの立場をこの四種の中にランク付けを行っています。仏教（仏法）を四種に分類し、自分の立場である「他力」すなわち「横」が最も優れていると主張しているのです。

仏教における修行の大筋は、煩悩に満ちた状態（因）に始まり、修行階梯（道）を経て悟り（果）に至るというものです。このような理解は、親鸞の言葉を借りるならば、「竪」つまり修行によって下から上に向かって「たて」（縦）に人の修行のエネルギーが向かっていく階梯であると表現できます。この場合、人（実践者）は自分の意志と努力で上に向かっていると感じるかもしれません。しかしながら、悟りに近づくにつれて、あるいはそれに至ったとき、人は自分の力で「ここまで来た」とは思わないでしょう。自分を捨てたからこそここに至ることができた、あるいは自分を超えた「聖なるもの」の力によるのだと思い知るでしょう。

悟りに至ったときの禅僧のエピソードが数多く残されていますが、それらでは自分を投げ捨てて「聖なるもの」にまみえたと語られています。「自力で悟った」などと師匠に語った弟子は、たちどころに師匠によって打ち据えられるに違いありません。密教はある意味では「他力門」です。例えばマンダラを観想する場合、密教修行者は五仏の像が描かれた冠を被ってほとけたちを観想します。修行者はほとけたちが自分に訪れるのを自分のはからいを捨てて待つのです。煩悩に満ちた修行者は、五仏の冠を被ることによって五仏となるという畏れ多いことに耐えます。煩悩を滅した後にマンダラ観想を行うのではなくて、「煩悩を断つことのないままに」仏が自分の中に無理やり押し入ってくるのを見るのです。

このような構造は、念仏と似ています。念仏の場合も「煩悩を断つことなく」名号が自分に訪れてくるのを喜ぶのですから。もっとも、坐禅《ざぜん》とかマンダラ観想法といった方法は特殊な人々にしか許されていないものであり、念仏が一般の人々が選ぶことのできるものだということが親鸞や法然の主張したことでした。

自力と他力との区別は禅を選ぶか観想法を選ぶかといった選択の違いに伴って現れるでしょうが、原理的には根本的な違いではないと思われます。またこの問題は仏教以外でも知られていました。南インドのヒンドゥー教にあっても神と人との関係は、サル派とネコ派の間で論争になりました。仔猿は自分で親の背中にしがみつくことができるが、仔猫は親猫に自分でしがみつくことはできずに咥《くわ》えられて移動する。神と人の関係はどちらに近いかという論争です。

わたし自身は神と人の関係というような複雑な問題をどちらかに決めてしまうことは、危険なことだと思っています。そのことは歴史が証明しています。サル派とネコ派の論争も複雑な構造の一面のみを取り出して論議しているにすぎません。また「他力」の側面を強調するあまり、社会的に必要な人々の努力を抑え込んでしまうというようなことが第二次世界大戦の際には実際に日本で起きたのです。

【芬陀利華《ふんだりげ》】「芬陀利華」とはサンスクリットの「プンダリーカ」（puṇḍarīka）の音写であり、一般に白いハスを意味します。無垢《むく》なものの譬えとして用いられます。『妙法蓮華経』（サッダルマ（妙法）・プンダリーカ・スートラ）の「プンダリーカ」は白蓮のような無垢のものを指しています。

『正信偈』第五段　浄土教の歴史

阿弥陀仏信仰は『阿弥陀経』や『無量寿経』が編纂された頃、あるいはその後しばらくはインドにおいて盛んに行われたわけではありませんでした。中国や日本に見られような浄土教はインドには存在しなかったのです。『阿弥陀経』や『無量寿経』などはインドで編纂されたのですが、おそらく西北インドにおいて編纂された後、早々と中央アジアそして中国に伝わったのでしょう。源信、法然、親鸞たちによって築き上げられた日本浄土教は中国において生育したものに依っています。むろんインドに浄土教の理論的ルーツはありました。浄土教の伝統に従って、親鸞も龍樹と世親（天親）の二人をインドにおける浄土教の祖と述べています。『正信偈』５・１では浄土教の七人の祖の名が挙げられていますが、以下親鸞による浄土教史観を見てみましょう。

三国の七祖

親鸞はインド、中国および日本における七人の祖師たちが如来の誓（本願）を明らかにしたと考えます。如来すなわち阿弥陀仏の本願の本意を明らかにした歴史が浄土教の歴史であるというのです。もっとも親鸞自身は「浄土教」、「阿弥陀信仰」といった概念を用いてはおらず、それらの語は今日のわれわれが歴史的理解のために用いているのです。

5・1

印度《いんど》西天之《さいてんし》論家《ろんげ》
中夏日域之《ちゆうかじちいきし》高僧《こうそう》
顕大聖興世正意《けんだいしようこうせしようい》
明如來本誓應機《みようによらいほんぜいおうき》

西の国インドの論家および
中国と日本の高僧は、
大聖（釈迦如来）の世に出た本意をあらわし、
〔阿弥陀〕如来の誓いが〔人々の〕力量に応じているのを明かした。

印度西天の論家、
中夏日域の高僧、
大聖興世の正意を顕はし、
如來の本誓機に應ぜることを明かす。

〈大意〉インドの論家たち、中国と日本の高僧たちは、釈迦牟尼が世に出た本意をあらわにした。すなわち、阿弥陀如来の願が凡夫たちの力量にかなっていることを明らかにしたのである。

【印度西天、中夏日域】「印度西天」とは西の国インド、「中夏」とは中国、「日域」とは日本のことです。

【如來の本誓】この「如来」とはもろもろの仏という意味であり、本誓とは法蔵菩薩の本願を指します。

【機に應ぜる】機に応ずること。坐禅やマンダラ観想といった道に進むことができる力量を持った者と、そのような道を実践することができない者がいます。人々の力量に合わせて祖師たちは如来たちの願の意味を説いたという意味です。

龍樹――易行の道

親鸞はまず浄土教の第一の祖師として龍樹について述べます。龍樹は大乗仏教の祖ともいわれる人物ですが、その年代は紀元一五〇年から二五〇年くらいの間と推定されています。南インドで活躍したといわれていますが、詳しいことは分かっていません。彼が著したと推定される著作が数点残されていますが、その中の一つ『十住毘婆沙論《じゅうじゅうびばしゃろん》』には本願力や阿弥陀仏が述べられています。

『十住毘婆沙論』（羅什と仏陀耶舎《ぶつだやしゃ》との共訳）は、菩薩が仏になるための十の段階（十住、十地）を踏んでいく修行過程を述べる経典『十地経』に対する註釈書です。この書は十地の第二段階までしか扱っていませんが、第二地が重要です。「毘婆沙（ヴィバーシャー）」とは説明、註釈という意味です。このようにこの書は十地の説明なのですが、勤行に多年精進する「難行」と対比させながら、阿弥陀仏を信じてすみやかに「不退地」に至る易行を説くくだりがあり、ここが従来、浄土教では注目されてきました。

『十住毘婆沙論』の中で浄土教と関係する箇所は、第五章「釈願品《しゃくがんぼん》」と第九章「易行品《いぎょうぼん》」とに見られます。「易行品」は中国において特に曇鸞によって注目されました。易行とは、多くの律の条項を守りながら、一歩一歩と煩悩と業を滅していく「難しい」修行ではなくて、阿弥陀仏のような「人格神」に帰依することによって救いにあずかろうとする「易しい」道です。

「易行品」には「其《そ》の佛の光明常に世界を照らす」とあります〔島地　一九二〇：六〕。この表現は阿弥陀仏を思い起こします。さらに「其の佛の本願力の故に、もし他方の衆生がいて（中略）もろもろの善根の種をまくならば、この佛が光明を以《もっ》て衆生の身に觸れるゆえに無生法忍（一切法が不生不滅であるという真理を知ること）を得る」とあります。ここでも仏の光明の働きが述べられています。

また「佛を無量光と號する。今現に在《ましま》して法を説きたもう。其の佛の身光および智慧明照にして無量無邊である」とありますが、これも阿弥陀のイメージです。「阿彌陀佛の本願を憶念することと是《かく》の如し」というくだりもあります。「若し人命終の時、彼の國に生ずることを得るならば、卽ち無量の德を具する」。ここでは命の終わるときに名前を呼べば、浄土に生まれることがあるという信仰が述べられています。このように『十住毘婆沙論』がたとえ龍樹作でないにしても、この紀元一世紀頃の論書に明らかに阿弥陀崇拝が述べられているのです。

5・2のテキストのうち、第六句の「歓喜地を証して安楽に生ずるだろう」までが釈迦牟尼による『入楞伽経《にゆうりようがきよう》』における龍樹に関する予言です。次の第七句から第八句までの二句は親鸞が龍樹のなしたことを述べているのです。そして、最後の四句は、龍樹の発言を親鸞が伝えるというかたちを採っています。5・2の最後の句の後には「龍樹はいわれた」という意味の句を補って読まれてきました。

5・2

釋迦《しやか》如來《にょらい》楞伽山《りようがせん》
爲衆《いしゆ》告命《ごうみよう》南天竺《なんてんじく》
龍樹大士《りゆうじゆだいじ》出於《しゆつと》世《せ》
悉能《しつのう》摧破《ざいは》有《う》无《む》見《けん》
宣說《せんぜつ》大乘《だいじよう》无上法《むじようほう》

釈迦如来は楞伽山にて
大衆に予言された。「南インド（天竺）に
龍樹大士世に出られ、
ことごとく有無の見解を破り、
大乗の無上の法を説き、

證《しょう》歡《かん》喜《ぎ》地《じ》生《しょう》安《あん》樂《らく》
顯《けん》示《じ》難《なん》行《ぎょう》陸《ろく》路《ろ》苦《く》
信《しん》樂《ぎょう》易《い》行《ぎょう》水《すい》道《どう》樂《らく》
憶《おく》念《ねん》彌《み》陀《だ》佛《ぶつ》本《ほん》願《がん》
自《じ》然《ねん》即《そく》時《じ》入《にゆう》必《ひつ》定《じょう》
唯《ゆい》能《のう》常《じょう》稱《しょう》如《にょ》來《らい》號《ごう》
應《おう》報《ほう》大《だい》悲《ひ》弘《ぐ》誓《ぜい》恩《おん》

歓喜地を証して安楽に生ずるだろう」と。
〔龍樹は〕難行の陸路は苦であることを示し、
易行の水道の楽しいことを〔人々に〕信じさせた。
〔龍樹は〕「弥陀仏の本願を念ずれば
自然とたちまち必定に入る。
ただよく常に如来の号を称え、
大悲《だいひ》により弘誓《ぐぜい》を建てられたことの恩に報いるべきだ」といわれた。

釋迦如來楞伽山にして、
衆の爲に告命したまはく、
南天竺に、龍樹大士世に出《い》でて、
悉《ことごと》く能《よ》く有無の見を摧破せん、
大乘无上の法を宣說し、
歡喜地を證して安樂に生ぜむと、
難行の陸路苦しきことを顯示して、
易行の水道樂しきことを信樂せしむ、
彌陀佛の本願を憶念すれば、

自然に即の時必定に入る、
唯能く常に如來の號を稱して、
應《まさ》に大悲弘誓の恩を報ずべしといへり。

〈大意〉釈迦如来は楞伽山にて大衆に予言した。「南インドに龍樹が世に出て、「ものはある」とか「ない」といった見解を否定するだろう。大乗の無上の法を説き、後戻りすることのない位である歓喜地を証して極楽に生まれるだろう」と。龍樹は、難行の陸路は苦であることを示し、易行の水道の楽しきことを知らしめた。龍樹は「弥陀仏の本願を憶念すれば自然とその時、阿弥陀仏の救いに必ずあずかる位に入る。ただよく常に如来の号を称え、まさに大いなる慈悲の本願の恩に報いるべきだ」といわれた。

【楞伽山】中期大乗経典『入楞伽経』（ランカー・アヴァターラ・スートラ、〔釈迦の〕ランカー島への降下と名づけられた経典）に釈迦が聖者の出現を予言する箇所がありますが、親鸞はここでその予言のことを指しています（大正蔵　第一六巻　四八〇頁上）。一般にランカーとは今日のスリランカのことです。もっとも、この経典にいう楞伽山が具体的にどこを指していたかは不明です。蓮如は『正信偈大意』の中でこの予言に触れています（註釈版、一〇二九頁）。

【有無の見を摧破】「有無の見を摧破する」とは、龍樹が主著『中論』において「ものが存する」（有の見）とか「ものが存しない」（無の見）とかの見解（見）をすべて否定したことを指しています。『中論』には二十七章がありますが、それらのほとんどの章はわれわれが日常用いている言葉（文章）が究極的な意味ではすべて成り立たないと主張しています。龍樹が『中論』において考察したサンスクリットの文章は主語と述語に分かれており、有と無、Aと非Aなどの分裂を含んでいます。この分裂があるかぎり悟りは得られないというのが龍樹の考え方です。その分裂をすべて否定しようとする態度がこの『正信偈』において「有無の見を摧破する」といわれているのです。

【歓喜地】菩薩が修行を行い、仏となるためには五十二の段階を踏まねばならないといわれています。その中でも重要なのが十地です。龍樹作と伝えられる『十住毘婆沙論』には十地の内の第二地までの注釈が残されていることはすでに述べましたが、第一地を歓喜地といいます。この歓喜地に達すれば、必ず仏になることができるといわれており、菩薩たちはここで歓喜を味わうと伝えられています。親鸞も必ず阿弥陀の救いにあずかることができるという位（正定聚の位）に達すれば歓喜が生まれるゆえにこの位を歓喜地と呼んでいます〔柏原　一九一五：二二六〕。

【易行】自力の道を陸路に譬えられ、他力の道を水路に譬えられています。『十住毘婆沙論』「易行品」に「仏法に無量の門あり。世間の道に難あり、易あり。陸路の道はすなわち苦しく、水道の乗船はすなわち楽しきがごとし」（大正蔵　第二六巻　四一頁中）とあります。親鸞は『教行信証』行文類にこの箇所を引用しています（註釈版、一五一～一五二頁）。

【安樂】極楽浄土のこと。『大無量寿経』上巻では「安楽」とありますが、下巻では「安養国」、『観無量寿経』『阿弥陀経』には「極楽」と訳されています。サンスクリットでは「スカーヴァティー」(sukhāvatī)です。「スカ」(sukha)(男性名詞)は楽、たのしみ、「ヴァティー」とは「～を有するところあるいはもの」を意味します。ここでは「スカー」と女性名詞が用いられていますが、意味は変わりません。「安楽」あるいは「極楽」は阿弥陀仏の仏国土であって、阿弥陀仏以外の仏は住んではいません。「極楽浄土」という場合の「浄土」は清らかな国というほどのいわば一般名詞です。

【信樂せしむ】「信楽せしむ」というように使役の意味に読まれていますが、中国語の文章としては疑問が残ります。

【必定】阿弥陀の救いにあずかることが必定となったもの、すなわち正定聚の位(3・2参照)のことです。

世親——『浄土論』

5・3の十二句は、前半の六句(5・3・1)と後半の六句(5・3・2)に分かれます。天親はアビダルマ仏教の綱要書『倶舎論《くしゃろん》』の作者であるとともに唯識説の体系を述べた『三十《さんじゅう》頌《じゅ》』の著者としても知られています。龍樹が大乗仏教理論の祖であるとするならば、天親は大乗仏教理論の確立者といえましょう。天親は『正信偈』では『浄土論』の著者として登場します。『浄土論』とは浄土を讃嘆し、それを観《み》るための実践ガイドです。

5・3・1

天親菩薩《てんじんぼさつ》造論説《ぞうろんせつ》
歸命無碍《きみょうむげ》光如來《こうにょらい》
依《え》修多羅《しゅたら》顯眞實《けんしんじつ》
光闡橫超大誓願《こうせんおうちょうだいせいがん》
廣由《こうゆ》本願力廻向《ほんがんりきえこう》
爲《い》度群生彰一心《どぐんじょうしょういっしん》

天親菩薩は『浄土論』を造って、いわれた。
「無碍光如来に帰命し、
経により真実を顕し、
横超の大誓願を広く述べよう」と。
〔天親はこのように〕広く本願力の廻向により
群生を度せんがために一心を明らかにした。

天親菩薩論を造りて說かく、
無碍光如來に歸命したてまつる、
修多羅によりて眞實を顯《あらわ》して、
橫超の大誓願を光闡す、

廣く本願力の廻向に由りて、群生を度せんが為に一心を彰《あら》はす。

〈大意〉天親菩薩は『浄土論』を著して、いわれた。「阿弥陀如来に帰命し、経により真実を顕し、他力によって横さまに救いにあずかるという大誓願を広く述べよう」と。〔天親はこのように〕広く阿弥陀仏の本願力の廻向により群生を救うために一筋に阿弥陀を思う心をあらわしたのである。

【論を造りて】この場合の論とは『浄土論』（大正蔵　第二六巻　一五二四番）のことです。つぶさには『無量寿経優婆提舎《うばだいしゃ》願生偈』と呼ばれます。「優婆提舎」（ウパデーシャ）とは師から直接に弟子に与えられる「口伝要訣《ようけつ》」ともいうべきもので、ここでは『無量寿経』を理解するための鍵となる簡潔な教えのことです。

『浄土論』全体が「願生偈」とも呼ばれているように、このウパデーシャは浄土に生まれるための手引きです。北インドから来た菩提流支《ぼだいるし》（ボーディルチ）によって五二九年に漢訳されました。この書の著者は天親（世親）といわれてきましたが、この書のサンスクリット・テキストは残されていませんし、チベット語訳もありません。一方、天親の多数の著作が残っており、ボーディルチは天親に帰せられるウパデーシャを他にいくつか訳しています。今日では『浄土論』は天親の著作と考えられています。

『浄土論』には二十四行、九十六句の偈頌《げじゅ》が含まれており、偈頌の後に長行《じょうごう》（散文による説明）が続きます。偈の部分のはじめに「安楽国に生まれることを願う」とあり、次に浄土がいかに素晴らしいところであるかを述べて、最後には、自分の善行を他者に振り向ける（廻向する）、と結んでいます。長行では浄土に往生するための実践（因）と結果（往生）とを述べています。著者天親はまず「安楽世界（極楽浄土）を観て、阿弥陀仏を観て、かの国土に生まれんことを願う」と述べ、「阿弥陀仏を見るための」（大正蔵　第二六巻　二三一頁中）実践を五つの項目に分けて述べます。すなわち、

（一）礼拝《らいはい》。身体によって阿弥陀仏を礼拝すること。

（二）讃嘆《さんだん》。口で称えることによって阿弥陀仏を讃《たた》えること。

（三）願を建てること（作願《さがん》）。一心に浄土に生まれることを願い、「如実に奢摩多《しゃまた》を修行すること」（大正蔵　第二六巻　二三一頁中）。奢摩多とはサンスクリット「シャマタ」（śamatha）の音写であり、ヨーガの行法において心を対象に定める段階をいいます。中国では「止」と訳されてきました。

（四）観察《かんざつ》。「智慧によって観察し、正しく念じてそれ（浄土）を観じ、如実に毘婆娑那《びばしゃな》を修行すること」（大正蔵　第二六巻　二三一頁中）。毘婆娑那（ヴィパシュヤナー、vipaśyanā）とは、定められた対象に対して心をどこまでも入れていくこと（観）です。この「止」と「観」とは一続きのものとして実践されるべきヨーガの二階梯を意味します。このように『浄土論』では阿弥陀仏および浄土を観想するに際してヨーガの行法によると述べられているのです。（四）の観察には三種があります。第一には、かの国土の特質の美しさ（功徳荘厳）を観察することであり、第二には阿弥陀仏の特質の美しさを観察し、第三に浄土に居るかのもろもろの菩薩たちの特質の美しさを観察することです。浄土、阿弥陀仏、菩薩たちを観想の対象と定めた（止）後、それらの対象に対して心を一途《いちず》に入れ

込むこと（観）をすべきだというのです。功徳荘厳《しょうごん》に関しては『浄土論』は、国土の荘厳に十七種、阿弥陀仏の荘厳に八種、菩薩の荘厳に四種を述べていますので、全体では「三厳《さんごん》二十九種荘厳」と呼ばれてきました。

（五）廻向。礼拝等のそれまでの行為を一切の衆生が浄土に生まれるために振り向けることが廻向です（大正蔵　第二六巻　二三二頁下）。

以上の五つの行為は浄土に生まれることの原因であり、「五念門」と呼ばれます。原因としてのそれらの行為を踏まえて行者はさらに結果としての次の段階（五果門）に進みます。

〈一〉礼拝門《らいはいもん》という原因によって人は「阿弥陀仏の救い（往生）」が決定している者（正定聚）となって、もはや後戻りしない状態（不退転）に近づきます（近門《ごんもん》）。

〈二〉讃嘆門《さんだんもん》の結果として浄土に住む人々の仲間となります（大会衆門《だいえしゅもん》）。

〈三〉願を建てること（作願《さがん》）という原因によって浄土に往生して安心の宅に至ります（宅門《たくもん》）。

〈四〉観察門《かんざつもん》の行為によって善行の部屋に坐《ざ》すといわれます（屋門《おくもん》）。

〈五〉廻向門の結果として生死と煩悩に満ちた世界に再び戻り、他の者を教え導く力を得ます（園《おん》林遊戯地門《りんゆげじもん》）。

〈一〉の礼拝から始まった一連の行為・実践は「上昇し」やがて方向を変えて、聖化された状態となって実践を始めた〈一〉の段階に戻ってきます。この上昇し、方向を変えて戻ってくるといった行為の軌跡は「ＡＢＣ三点の図」（一三三頁）に描かれた行為と軌を一にします。

天親は『浄土論』の中で以上のように述べたのですが、この説は、後世の曇鸞さらには親鸞によってそれぞれの解釈を受けることになります。例えば、親鸞は『浄土論』を重視しますが、浄土やそこに住む阿弥陀仏や菩薩たちを観ることには努めませんし薦めもしません。

【無碍光如來】3・1において光明の一種として「無礙」とありましたが、ここの「無碍」も同じ意味です。親鸞は『尊号真像銘文』でこの「無碍光如来」を阿弥陀仏のことであると述べています（註釈版、六五一頁）。

【横超】4・2・2の「横」の項参照。

【本願力の廻向】「廻向」（回向）（パリナーマナー）の原意は振り向けることです。自らの行為の結果あるいは利益（功徳）を他の人のために振り向けることを意味します。『正信偈』のこの箇所において親鸞は、自分（衆生）が行った行為の結果・功徳を他者に振り向けるという意味ではなく、阿弥陀仏が衆生のために功徳を施すという意味に用いています。親鸞は衆生は自らの力で廻向を行うことはできず、廻向とは阿弥陀仏の本願の力による「他力の」ものと考えています。もっとも「廻向」という概念が仏教史の中で常に親鸞の考えたように理解されてきたわけではありません。

5・3・2

【一心】心を散らすことなく一筋に阿弥陀仏を思う心のことです。

歸《き》入《にゅう》功《く》徳《どく》大《だい》寶《ほう》海《かい》
必《ひつ》獲《ぎゃく》入《にゅう》大《だい》會《え》衆《しゅ》數《じゅ》
得《とく》至《し》蓮華《れんげ》藏《ぞう》世《せ》界《かい》
卽《そく》證《しょう》眞《しん》如《にょ》法《ほっ》性《しょう》身《しん》
遊《ゆう》煩《ぼん》惱《のう》林《りん》現《げん》神《じん》通《ずう》
入《にゅう》生《しょう》死《じ》薗《おん》示《じ》應化《おうげ》

功徳の大寶海に歸入すれば、
必ず大會衆の數に入ることをう、
蓮華藏世界に至ることを得れば、
即ち眞如法性の身を證せしむと。
煩惱の林に遊んで神通を現じ
生死の薗に入りて應化を示すといへり。

〔阿弥陀仏の〕功徳の大宝海に帰入すれば
必ず大会衆の仲間となり、
蓮華蔵世界に至ることができる。
すなわち、「真如法性を身とするもの（仏）を証《あか》し
煩悩の林に遊びながら神通をあらわし、
生死の園に入りて応化を示す」と〔天親は〕述べられた。

〈大意〉 阿弥陀仏の功徳の海（つまり名号）に入れば、浄土に往生することの決定した人々の中に入り、浄土に至ることができる。さらに、「真如すなわち法性を身とするもの

（仏）を証し、煩悩の林に遊びながら神通をあらわし、生死の園にありながら、応化の働きをする」と天親は述べられた。

【大會衆】浄土に往生することが決定している者、すなわち正定聚のことです。

【蓮華藏世界】『華厳経』に現れる毘盧遮那仏の世界をいうのが普通ですが、広く仏国土一般をも意味します。ここでは阿弥陀仏の住む世界すなわち極楽を指します。

【證】（註釈版、二〇五頁）には「証せしむ」と読まれています。

【眞如法性身】真如も法性も悟りのことです。それを具現した者、すなわち仏が真如法性身と呼ばれています。

【應化】応化とは、教化《きょうけ》すべき衆生の資質に応じてすがたをさまざまに変えて現れる仏のことで、ここでは「応化身」を意味します。

曇鸞——浄土教学の確立

曇鸞は中国浄土教最大の「神学者」（セオロージアン）でしょう。インドにおいてそれほど目立った存在ではなかった阿弥陀信仰の教学を中国において確立したのは彼です。「還相廻向《げんそうえこう》」と「往相廻向《おうそうえこう》」、「自力」と「他力」、「法性法身《ほっしょうほっしん》」と「方便法身」などの重要概念を曇鸞は新しく展開させました。親鸞は教学上の重要なキータームを曇鸞から受け取っています。

『正信偈』５・４は曇鸞の生涯に触れた後、曇鸞の「自力・他力」の理解について述べます。

5・4

本師《ほんし》曇鸞《どんらん》梁《りょう》天子《てんし》
常向《じょうこう》鸞処《らんしょ》菩薩《ぼさつ》禮《らい》
三藏《さんぞう》流《る》支授《しじゅ》淨教《じょうきょう》
焚焼《ぼんじょう》仙經《せんぎょう》歸樂邦《きらくほう》
天親《てんじん》菩薩《ぼさつ》論註解《ろんちゅうげ》
報土《ほうど》因果《いんが》顯誓願《けんせいがん》
往還《おうげん》廻向《えこう》由《ゆ》他力《たりき》
正定之因唯信心《しょうじょうしいんゆいしんじん》
惑染《わくせん》凡夫《ぼんぶ》信心發《しんじんほつ》
證知生死即涅槃《しょうちしょうじそくねはん》

本師曇鸞を梁の天子は
常に曇鸞の居た所に向かって菩薩として拝した。
流支三蔵が浄土の教えを授けたところ、〔曇鸞は〕
仙経を焼き、浄土の教えという楽しい国に帰った。
天親菩薩の論に註解し、
報土の因も果も誓願によると明らかにしたのである。
「往相の廻向と還相の廻向は他力により、
往生の因はただ信心であり、
惑いに染まった凡夫に信心が起きれば
生死すなわち涅槃と知り、

無量光明土に至るならば、
もろもろの有の衆生をあまねく教化できる」といわれた。

必至《ひつし》無量光明土《むりょうこうみょうど》
諸有《しょう》衆生《しゅじょう》皆普化《かいふけ》

本師曇鸞は梁の天子、
常に鸞のところに向ひて菩薩と禮したてまつる、
三藏流支淨教を授けしかば、
仙經を梵燒して樂邦に歸したまひき、
天親菩薩の論に註解して、
報土の因果誓願に顯はす、
往還の廻向は他力による、
正定の因は唯信心なり、
惑染の凡夫信心發《おこ》りぬれば、
生死卽ち涅槃なりと證知せしむ、
必ず無量光明土に至れば、
諸有の衆生皆普《あまね》く化すといへり。

〈大意〉南梁の武帝は曇鸞の居た北方に向かって菩薩として拝していた。流支三蔵（ボーディルチ）が曇鸞に浄土の教えを授けたところ、曇鸞は不老長寿の法を説く仙経を焼き、浄土の教えという楽しき国に帰った。彼は天親菩薩の論に註釈し、報いの土（報土つまり浄土）の因も果も誓願によると明らかにした。「往相の廻向と還相の廻向は他力によるのであり、往生の因はただ信心であり、惑いに染まった凡夫に信心が起きれば、生死すなわち涅槃と知り、限りなき光明の国土に至るならば、もろもろの有の衆生をあまねく教化できる」といわれた。

【曇鸞】曇鸞（四七六～五四二？）は北魏《ほくぎ》（三八六～五三四年）の五台山近くの生まれといわれます。中国では漢が滅んだ後、魏・呉・蜀《しょく》の三国が連立しますが、その後、それらの国を西晋《せいしん》が統一します。しかし、また北朝と南朝に分かれます。曇鸞の生きていた時代、北朝は北魏であり、南朝は梁でした。北魏はさらに東魏（五三四年）と西魏（五三五年）に分裂します。五四二年頃、東魏で曇鸞は亡くなったといわれますが、没年に関しては異説もあります［内藤　二〇一七：二二五］。親鸞は曇鸞から多くを受け取っています。曇鸞を讃える和讃は三十四首も残っていますが、善導は二十六首、法然は二十首です。このことも親鸞がいかに曇鸞に私淑していたかを示す証左です［早島　一九九五：一七九］。

【梁の天子】「梁の天子」とは南梁の武帝（四六四～五四九）のことです。曇鸞の居た北朝の方向、つまり北に向かってはるか南から南梁の武帝が曇鸞を菩薩として崇めて礼拝していたというのです。

曇鸞の名声を語るエピソードです。

【三蔵流支】菩提流支《ぼだいるし》（ボーディルチ）のこと。天親『浄土論』の訳者でもありました（『正信偈』5・3・1参照）。

【仙經】曇鸞は五二七年から五二九年頃、病を得て、長寿の方法を求めて揚子江《ようすこう》の南（江南）に陶弘《とうこう》景《けい》を訪ねます。陶弘景は曇鸞に無病長寿法を説いた『衆醮儀《しゅうしょうぎ》』を授けます。喜んだ曇鸞は北に帰り、都洛陽《らくよう》に入ったとき、当時インドから来ていた菩提流支に会います。しかし、このインド僧は「仙経なるものはまことの法ではない。真の永生の道が知りたければ、これを読むべきだ」といって、『観無量寿経』（あるいは『阿弥陀経』、『浄土論』）を曇鸞に授けます。曇鸞は『衆醮儀』を焼き捨て、その後、浄土経典を研究したと伝えられています。

親鸞にとって曇鸞は『浄土論』に注を書いた人物として重要でした。曇鸞は浄土教の研究に入る前には龍樹の『中論』やデーヴァダッタ（提婆《だいば》）の『百論』など空思想に関する書物を研究していたと伝えられています。

【報土】因位（『正信偈』第二段参照）にあった法蔵菩薩が建てた本願と修行（思惟）の報いとして築かれた国土（浄土）の意味であって、ここに報身仏としての阿弥陀仏が住んでいます。

【證知】（註釈版、二〇六頁）には「生死すなはち涅槃なりと證知せしむ」とあります。つまり、人々に知らしめるということがはっきりするように使役の意味で読まれています。

曇鸞と親鸞

『正信偈』5・4では曇鸞の『浄土論註』が取り上げられています。親鸞は『浄土論註』を重視するのですが、重要な部分（自力・他力などの問題）で『浄土論註』にそのまま従うのではなくて、親鸞自身の解釈を示しています。

「廻向」（回向）については『正信偈』5・3・1の「廻向」の説明において述べましたが、サンスクリット「パリナーマナー」の元来の意味は「振り向けること」です。この『正信偈』のくだりでは、それまでに行った善い行為（善根）のメリット（功徳）を他者のために振り向けることをいいます。この「振り向けること」には「往き」と「還り」の二種の方向が見られます。人がこの世において他人に対して善根功徳を施すことは、浄土に行く道にあっては「往き」と考えられますので「往相廻向《おうそうえこう》」と呼ばれます。一方、浄土に往った者が再び「俗なる」迷いの世界へ還《かえ》って他人を教え導くために自分の行為を振り向けることは「還相廻向《げんそうえこう》」と呼ばれます。

今述べたような方向の異なった二種の廻向は、曇鸞の『浄土論註』にあっては人間による行為と考えられたのですが、親鸞にあっては二種とも阿弥陀仏の働きであると解釈されています（親鸞は曇鸞の解釈に正面から反対したのではなく、『浄土論註』の中に親鸞自身の解釈の根拠を見出してはいるのですが、ここではその間の詳しい考察は省略します）。親鸞によれば、人には自分の行為の功徳を他者のために振り向ける力はなく、人が利他のために廻向しているように見えたとしても、それは阿弥陀仏の力、つまり他力によるものでした。このことが『正信偈』に「往還の廻向は他力による」と述べられているのです。

ここでもう一度『浄土論』に戻ります。この論では（一）礼拝、（二）讃嘆、（三）願を建てること、（四）観察、（五）廻向の五つ（五念門）が原因となって、結果としての次の五つ（功徳門）が生まれると述べられてありました。


〈一〉礼拝門という原因によって人は不退転の位に近づきます（近門《ごんもん》）。

〈二〉讃嘆門の結果として浄土に住む人々の仲間となります（大会《だいえ》衆門《しゆもん》）。

〈三〉願を建てること（作願）によって浄土という安心の宅に至ります（宅門《たくもん》）。

〈四〉観察門の行為によって善行の部屋に坐します（屋門《おくもん》）。

〈五〉廻向門の結果として生死と煩悩の世界に再び戻り、他者を教え導く力を得ます（園林《おんりん》遊戯地門《ゆげじもん》）。


曇鸞は、五念門の五つを行者（実践者）が自分のために行う（自利）行為と理解し、その中の第五「廻向」を往相廻向と呼んでいます。一方、功徳門も行者が他者のためではあるにせよ自分の力によって行う行為であると考えており、さらに功徳門の第五「園林遊戯地門」を還相廻向と呼びます。

一方、親鸞にあっては五念門および功徳門の第五以外を往相廻向と呼び、第五「園林遊戯地門」を還相廻向と考えます。そして、すでに述べたように、親鸞にあっては五念門および功徳門のすべてが阿弥陀仏の働きであると考えられます〔柏原　一九一五：二八四〕。

自力と他力の問題を「ABC三点の図」（二三頁）を用いて考えてみましょう。実践者がAからBへと歩み、例えば五念門、を続けているとします。そのAからBへの歩みが実践者の力によると考えることもできますし、何か「他の者」、例えば阿弥陀仏によって「引っ張り上げられた」と考えることもできます。前者は曇鸞の立場であり、後者は親鸞のそれです。BからCへという方向を有する行為エネルギーの方向（ヴェクトル）は還相廻向を表していると考えることができます。

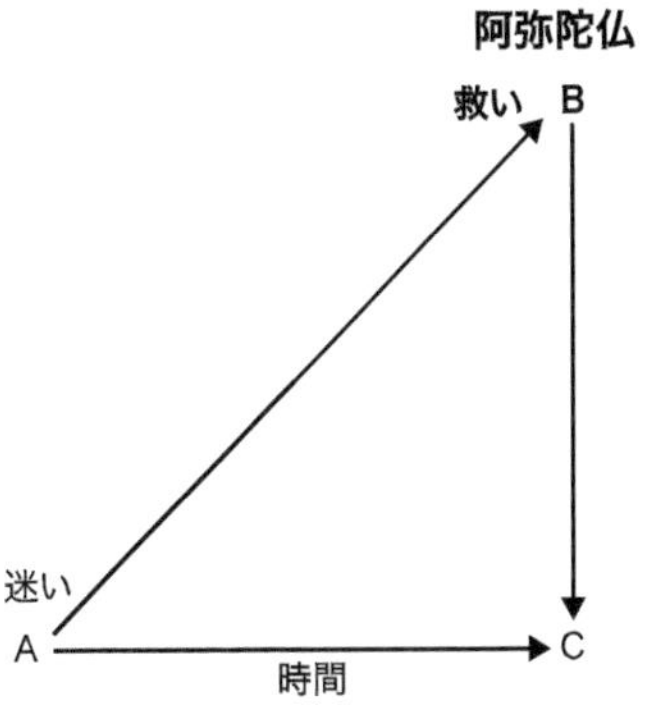

往相廻向・還相廻向とABC三点の図

『浄土論』はその名が示す通り、浄土に生まれるためのウパデーシャ（簡潔な手引き）でした。『阿弥陀経』以来、浄土は素晴らしく美しいところであると述べられてきましたが、それは所詮この世界のイメージの美化に他なりません。鳥が澄んだ水を飲んでいるといった浄土の叙述もこの世にある光景に基づいた想像でありましょう。

『阿弥陀経』や『大無量寿経』を編纂した人々の主要な関心が、死後の世界あるいは「個々の人の死後の魂の行方」であったことは事実だと思われます。そうではあるのですが、彼らがこの世における生活についてまったく無関心であったとは思われません。たしかに龍樹の『十住毘婆沙論』、天親の『浄土論』さらにはこの後で考察する善導、法然そして親鸞は死後往生の問題を重要課題として取り上げています。しかし、例えば『大無量寿経』に述べられる法蔵菩薩の四十八願のほとんどはむしろ現世に関するものでした。当時の人々が現世における幸福な生活を願っていたことはいうまでもないことです。また自らの死後の「時」を考える場合、人は現世における生き方をも考えます。

道綽――聖道と浄土

次には道綽（五六二～六四五）の思想と信仰を見ていきましょう。彼は、曇鸞の居た石壁山《せきへきざん》の玄中寺において曇鸞の碑を見て、浄土教に帰依する決心をしました。道綽、四十八歳のことでした〔鎌田　一九七八：二七〇～二七一〕。彼は特に『観無量寿経』（観経《かんぎょう》）（大正蔵　第一二巻三六五番）を重視し、講義をすること二百回を超えたといわれます。次の節（５・５）で考察する善導は道綽の弟子です。

道綽の主著は『安楽集』（大正蔵　第四七巻　一九五八番、『真宗聖教全書』第一巻　三七七～四四〇頁）です。この書の意図は、仏教が聖道門《しょうどうもん》と浄土門に分けられるという前提のもとに『観無量寿経』の念仏思想を明らかにすることにありました。『正信偈』５・５の初めの二句はこのことを示しています。自らの力によって修行する道（聖道門）は難しいものであることを曇鸞などの伝統を引き継ぎながら改めて主張しています。またこの書は、それぞれの人の能力（機根）およびその人が生きている時代にふさわしいものであること（時機相応《じきそうおう》）が重要であるとも述べています。道綽の生きた時代は北周の武帝の仏教弾圧（破仏）などが起きており、当時は末法の時代であると考えられていました。

5・5

道綽決聖《どうしゃくけっしょう》　道難證《どうなんしょう》
唯明淨土可通入《ゆいみょうじょうどかつうにゅう》
萬善自力《まんぜんじりき》貶勤修《へんごんしゅ》
圓滿德號勸專稱《えんまんとくごうかんせんしょう》
三不三信《さんぷさんしん》誨慇懃《けおんごん》
像末法滅同悲引《ぞうまつほうめつどうひいん》
一生造惡値弘誓《いっしょうぞうあくちぐぜい》
至安養界證《しあんにょうかいしょう》　妙果《みょうか》

道綽は聖道の証し難いことを明確に述べ、
ただ浄土の門のみから通入すべきと明らかにした。
数多くの善の自力による修行をしりぞけて、
円満の徳号をもっぱら称えることを勧めたのである。
三不と三信の教えをねんごろに説き、
像法、末法、法滅すべての者たちを悲の心で導いた。
「一生悪を造っても弘誓を信ずるならば
安養界に至りて妙果を証する」と述べた。

道綽聖道の證し難きことを決して、
唯淨土の通入すべきことを明す。
萬善の自力勤修を貶《けな》し、
圓滿の德號專稱を勸む。
三不三信の誨慇懃にして、
像末法滅同じく悲引す。
一生惡を造れども、
弘誓に値ひぬれば、
安養界に至りて妙果を證せしめむといへり。

〈大意〉道綽は自力門の聖道が困難なものであることを断定し、浄土の門のみから入るべきことを明らかにした。数多くの善の自力による聖道門をしりぞけ、名号をもっぱら称えることを勧めた。三不（素直ではなく、一心あり、余念あること）と三信（素直で、一心なく、余念なきこと）の教えを詳しく説き、像法、末法、法滅という、法が行われなくなる時代のすべての人を大悲の心で導いた。「生涯、悪をつくりつづけても本願を信ずるならば、浄土に往き悟りを開くことができる」と述べた。

【唯】道綽の生きた六世紀後半から七世紀前半は傑出した仏教僧が数多く出生した時代でした。涅槃宗の慧遠《えおん》（五二三～五九二）、天台宗の智顗《ちぎ》（五三八～五九七）、三論宗の吉蔵《きちぞう》（五四九～六二三）、法相宗の窺基《きき》（六三二～六八二）、華厳宗の杜順《とじゅん》（五五七～六四〇）など、さまざまな宗派・学派が生まれました。そうした状況の中で、浄土のみが通入すべき路である［柏原　一九一五：二八九］と道綽が明らかにしたというのが「唯」の意味です。

【三不三心】「三不」とは、素直ではなく、一心あり、余念あることをいい、「三心」とは素直で、一心なく、余念なきことをいいます。

【像末法滅】ブッダの教えの置かれた歴史的状況が徐々に悪くなっていくという考え方があります。釈迦の亡くなってから五百年は教えも残り、それを修行する者もあって法の行われていた「正法の時代」が続きます。その後、像つまりかたちのみ教えと行法が残る像法の時代が来ます（この像法の時代が何年続くかについては諸説があります）。さらに時が経つと、教えは残るのですが行法は滅んでいる末法の時代が来ます。そして教えも滅する法滅の時代が来るという「末法思想」が道綽の時代には強くなっていました。

【値】「値」とは値遇の意味であり、信ずることです。

【安養界】極楽浄土のことです。

【證】「證せしめん」と伝統的には読まれてきました（註釈版、二〇六頁）。

善導――称名念仏

曇鸞が浄土教学の祖師であったとしたならば、善導は実践つまり念仏という行為の師であったといえるでしょう。このような態度は法然に受け継がれ、法然を通して親鸞は学んだのです。

善導は求道の旅の果てに道綽が『観無量寿経』を講義するのを聴いて阿弥陀仏の本願に帰依したと伝えられています。道綽八十歳、善導二十九歳の時でした。西安の郊外には善導ゆかりの香積寺《こうしゃくじ》が今日も活動を続けています。

善導の考え方は道綽のそれを引き継ぐものでした。すなわち、彼は実践者（凡夫）の側からの努力に意味を認める方向ではなくて、阿弥陀の本願の力が凡夫をすくい上げるという側面を強調したのです。この凡夫と阿弥陀仏の本願力との関係を先述の「往相廻向・還相廻向とABC三点の図」（一四九頁）を用いていうならば、B点にいてAから昇ってくる存在を引き上げ、さらにB点からCへと下っていく存在を勇気づける何ものかがいると考えられます。B点に立つそのような者が阿弥陀仏と考えられます。

中国、日本の浄土信仰にとって『阿弥陀経』、『大無量寿経』（大経）、『観無量寿経（観経）』が重要であることはすでに述べました。それらの経典の内、『観経』はおそらく中央アジアにおいて成立したものと思われます。四二四年にこの経典が中国語に訳されたのですが、その後、この経典は中国浄土教にとっては最も影響力のある経典となりました。『観経』は、極楽浄土を観想することを勧めた後、どのような者も、極楽に往生できることを説いています。その経典の序分には「王舎城の悲劇」と呼ばれる、親子の間で起きた悲劇が語られています。この経典の序分のあらましは以下のようです。

わたしはこのように聞いた。あるときブッダ（世尊）はインドの王舎城（ラージャグリハ）という町の「ハゲタカの群の丘」（霊鷲山《りょうじゅせん》、グリドラ・クータ）に修行者たちや諸菩薩と共におられた。

ときにマガダ国太子である阿闍世《あじゃせ》（アジャータシャトル）が、父である頻婆娑羅《ひんばさら》（ビンビサーラ）国王を牢獄に幽閉するという悲劇が起きていた。妃の韋提希《いだいけ》（ヴァイデーヒー）は、自分のからだに蜜などを塗って牢獄に行き、ひそかに王に食を与えていた。それも息子阿闍世に知られてしまい、妃もまた閉じ込められてしまう。囚《とら》われの身となった韋提希は疲れ果てて、ハゲタカの群の丘におられる仏に教えを請うた。

韋提希の願いに応じて眼の前にブッダが現れると、韋提希はブッダに訴えた。「わたしのために憂いや悩みのないところをお示し下さい。もはやわたしはこの濁悪の世を願いません」。ブッダが眉間から光を放って諸仏の浄《きよ》らかな国土（浄土）を示されると、彼女はそれらの国の中でも特に阿弥陀仏の極楽浄土に生まれたいと訴え、そこに行く方法を示してほしいとブッダに願った。

次の本論では定善《じょうぜん》の観法と散善の行とが以下のように説明されています。

〈定善の観法〉

ブッダはまず、精神を集中し、心を西方に専念して阿弥陀仏とその極楽浄土を観想する方法（定善の観法）を次のように説かれた。

1　日想観（日が沈むのを見て極楽が西にあることを観ずる）
2　水観（水と氷の清浄によって極楽の大地を観ずる）
3　地観（極楽の大地を観ずる）
4　宝樹観（極楽にある宝樹の働きを観ずる）
5　宝池観（極楽にある池の水を観ずる）
6　宝楼観（極楽にある多くの楼閣を観ずる）
7　華座観（阿弥陀仏の台座の蓮華を観ずる）
8　像観（仏像を置いて阿弥陀仏のすがたを観ずる）
9　真身観（阿弥陀仏の真実のすがたを観ずる）

10　観音観（阿弥陀仏に従う諸菩薩のうち、観世音を観ずる）
11　勢至観（大勢至菩薩を観ずる）
12　普観（浄土の仏、菩薩、国土すべてを観ずる）
13　雑観（阿弥陀仏の身相を観ずることよって他のさまざまなすがたを交えて観ずる）

〈散善の行〉

次に仏は極楽浄土に往生する者には九種（九品《くぼん》）あると説く。九種とは、極楽に往生しようとする者を、その資質・能力から上品・中品・下品の三つに分け、さらにそれぞれの品を上・中・下の三種に分ける。

上品の者には、上品上《じょうぼんじょう》生《しょう》・上品中生・上品下生の三種があるが、それぞれ大乗の教えに従い、極楽往生を願う者たちである。これを第一四の観想という。

中品上生と中品中生は「小乗」の戒律を守って極楽往生を願う人々、中品下生は父母孝養などの世間的な善を行って極楽往生を願う人々である。これを第一五の観想と名づける。

下品に属する三種（下品上生・下品中生・下品下生）は、上品や中品の人々のように功徳を積むこともできず、さまざまな悪行を行ってしまう凡夫であるが、このような人々でも善き人の教えに出会って、念仏を称えるならば極楽往生することができる。これを第一六の観想という。

このようにブッダが説かれたとき、韋提希とその侍女たちは極楽浄土の様子や、阿弥陀仏、観音菩薩や勢至菩薩を見て、喜びの心が起こり、迷いがはれて悟り、悟りを求める心を起こして、極楽往生を願った。

〈結語〉

ブッダは、弟子の阿難《あなん》から「この経の要点は何か」と聞かれて、念仏と答える。「念仏をする人は、人々の中の白蓮華である」と説かれ、そして「無量寿仏の御名を保て」といって、説法を終える。その後、釈尊はハゲタカの群の丘（霊鷲山）に戻り、大衆に対して上と同じ説法をされたところ、これを聞いた大衆はみな喜び、礼をなしてブッダのもとを退いた。

このように、『観経』は極楽浄土に往生する方法として、十六の観想を説いています。その内、初めの十三の観想は、禅定によって阿弥陀仏や極楽浄土を観想するという方法であり、ようするにヨーガの行法です。一方、第一四から第一六までは、「観想」とは呼ばれますが、ヨーガの行法ではありません。それらはヨーガもできず、常に心が乱れており、功徳も積めない人々もできるような極楽往生のための道として「散善の行」を、順次、上品・中品・下品の人々の資質に応じて説いているのです。

中国に『観経』が伝えられた当時、この経典は「定善の観法」つまりエリートたちのための道を説くものとして理解され、「散善の行」を説く部分つまり一般人のための道は軽視される傾向にありました。軽視しないとしても『観経』には「定善の観法」と「散善の行」との二種が説かれているというのがこの経典に対する一般的な理解だったのです。

経の結語では、経典の要点は「念仏」にあると説かれていました。善導はこの結論に眼をとめ、「散善の行」に重点を置きました。すべての人を救いとるという阿弥陀の本願はヨーガの行法などを行うことのできない凡夫のためのものであるはずであり、そのゆえにこそ『観経』の結語に「念仏せよ」とあったのだと善導は考えたのです。

先ほど信仰の視座の問題に触れましたが、阿弥陀仏の本願力に視座を置けば、すなわち阿弥陀仏が衆生を迷いの世界から引き揚げ、また世俗の世界へと送り出すという観点に立てば、善導のように考えられます。また、このような考え方はひとり善導のみのものではありません。法然も親鸞も同じような立場に立ちました。というよりも、人格神的存在に帰依することに収《しゅう》斂《れん》する信仰は同様の構造を持つように思われます。

もっとも、そのような帰依の信仰を有する場合でも外界に対する行為には違いがあります。帰依する人格神に自己をゆだねてしまった結果、自分が置かれた世界の状況には無関心あるいは逃避してしまう場合と、帰依の信仰を有するがゆえに自己が置かれた社会的状況に反応する場合とでは違いが見られます。どちらを選ぶかはわたしたちの「選択」にかかっています。

5・6

善導獨明《ぜんどうどくみょう》　佛正意《ぶつしょうい》
矜哀定《こうあいじょう》　散與逆惡《さんよぎゃくあく》
光明名號顯因緣《こうみょうみょうごうけんいんねん》
開入本願大智海《かいにゅうほんがんだいちかい》
行者正受金剛心《ぎょうじゃしょうじゅこんごうしん》
慶喜一念相應後《きょうきいちねんそうおうご》
與《よ》韋提等獲三忍《いだいとうぎゃくさんにん》
卽證法性之常樂《そくしょうほっしょうしじょうらく》

善導独りが仏の正意を明らかにした。
定善と散善、十逆と五悪の者をあわれみ、
光明名号の因縁を明らかにした。
「本願の大智の海に入れば
行者正しく金剛心を受け
慶喜の一念相応して後
韋提と等しく三忍を得る。
すなわち、法性の常楽を証する」と語ったのである。

善導獨り佛の正意を明らかにせり、
定散と逆惡とを矜哀して、
光明名號因縁を顯はす。
本願の大智海に開入すれば、
行者正しく金剛心を受けしめ、
慶喜の一念相應して後、

韋提と等しく三忍を獲、
即ち法性の常樂を證せしむと云へり。

〈大意〉善導のみが仏の正意を明らかにした。定善（禅定等の修行）と散善（世間的な修行）を実践する者たちや十逆と五悪を犯す者たちをあわれみ、光明が縁であり、名号が因であることを明らかにした。「本願の大智の海に入れば、行者は正しく金剛のような心を受け、喜びの心が本願にかなった後、韋提希夫人と同じように三忍（悟り、定まった信心、往生することを喜ぶこと）を得て、法性の常楽をその身に証することができる」と述べた。

【矜哀】憐れむことです。

【定散】定善《じょうぜん》の観法と散善の行の意味です（一五六〜一五八頁参照）。

【逆悪】十逆と五悪のこと。十逆とは、殺生、盗み、姦淫、嘘、へつらい、悪口、二枚舌、貪り、瞋《いか》り、愚かなることをいいます。五悪に関しては４・２・１の【逆謗】（一二〇頁）の項参照。

【受】「受けしめ」と（註釈版、二〇六頁）では読まれています。このように使役の意味に用いるのが親鸞の用法であったと思われます。この読み方の方が阿弥陀仏の力を示すのにより適切と考えられたのでしょう。

【三忍】仏智を覚る心（悟忍）、信心の定まった心（信忍）、および必ず往生することを喜ぶ心（喜心）をいいます。

【卽證】「卽ち…證せしむ」と註釈版（二〇六頁）では読まれています。

源信——二種の浄土

これまでは中国人の祖師たちの生涯と思想をみてきたのですが、ここからは日本の祖師たちの考察に入ります。

源信（九四二〜一〇一七）は、奈良県葛城《かつらぎ》に生まれ、比叡山《ひえいざん》で良源に師事しました。恵心僧都《えしんそうず》の名で知られています。彼は横川《よかわ》に隠居した後、九八四年から翌年にかけて主著の『往生要集』を執筆しました。この書によって天台宗においても「浄土教の法門」が確立されたのです。

とはいえ、彼は天台宗の学僧であり、天台仏教における観想法と念仏との両者の統合を考えていました。その意味で源信の態度は、彼の後に現れて『往生要集』に批判的な態度を採った法然、さらに法然の弟子である親鸞が採った専修念仏のそれとは異なったものでありました。『正信偈』において親鸞は、聖道門のさまざまな修行によって得られる結果と他力門の専修念仏によって得られるそれには顕著な違いがあることを明確にしたのが源信であったと述べています。

ちなみに、源信は善導から多くを学んでいるのですが、善導の主著である『観経四帖疏《しじょうしょ》』を見ることができなかったらしいこと、さらには曇鸞の『往生論註』（浄土論註）を知らなかった可能性があることが指摘されています〔石田　一九七〇：四四九〕。

5・7

源《げん》信《しん》廣《こう》開《かい》一《いち》代《だい》教《きょう》
偏《へん》歸《き》安《あん》養《にょう》勸《かん》一《いっ》切《さい》
專《せん》雜《ぞう》執《しゅう》心《しん》判《はん》淺《せん》深《じん》
報《ほう》化《け》二《に》土《ど》正《しょう》辨《べん》立《りゅう》
極《ごく》重《じゅう》惡《あく》人《にん》唯《ゆい》稱《しょう》佛《ぶつ》
我《が》亦《やく》在《ざい》彼《ひ》攝《せっ》取《しゅ》中《ちゅう》

源信は広く〔釈迦〕一代の教えを開き、
ひとえに安養（極楽）に帰すべく、すべての人に勧めた。
〔念仏に〕専念する心とさまざまな行に執する心の浅い・深いを判定し、
報土と化土との区別を明らかにした。
〔源信は〕「極悪の者はただ仏の名を称えるべきである。
我もまたかの〔阿弥陀仏の光に〕おさめとられており、

煩悩障眼雖不見《ぼんのうしょうげんすいふけん》
大悲無倦常照我《だいひむけんじょうしょうが》

煩悩が眼をさえぎり、見ることができないとはいえ、大悲は倦《う》むことなく我を照らしている」と述べた。

源信廣く一代の教を開きて、
偏《ひと》へに安養に歸して一切を勸む。
專雜の執心に淺深を判じて、
報化二土正しく辨立せり。
極重惡人は唯佛を稱すべし、
我またかの攝取の中にあれども、
煩悩眼を障《さ》へて見ずといへども、
大悲倦《ものう》きこと無く常に我を照らしたまふといへり。

〈大意〉源信は釈迦が一代述べた教えを広く学んで、ひとえに極楽浄土に帰すべきであると、すべての人に勧めた。念仏に専念する心とさまざまな行に執する心の浅い深いを判定し、報土と化土との区別を明らかにした。「極悪の者はただ仏の名を称えるべきである。我もまたかの阿弥陀仏の光におさめとられており、煩悩が眼をさえぎり、見ることができない。しかし、大悲は倦《う》むことなくわたしを照らしている」と源信は述べた。

【安養】安養とは、安楽国すなわち極楽浄土のことです（一三五頁参照）。

【専雑の執心】専の執心と雑の執心を意味します。執心とは執り保って失わない心、つまり信心の意味です。もっぱら念仏に専念するが専の執心であり、さまざまな行を修めようとする心が雑の執心です。

【報化二土】報土と化土。報土とは、法蔵菩薩が建てた願・思惟という因が報われた極楽浄土をいいます。阿弥陀仏の国土にはこの報土としての極楽の他に衆生の資質に応じて一時的に現れる方便としての化土があると考えられています。化土では「仏と僧（僧の集団）を見ることもできず、法も聞くことができない」（不見聞三宝《ふけんもんさんぽう》）、さらに他者のために働くこともできない、といわれています［柏原　一九一五：三三六］。報土は真実報土とも呼ばれ、この国土に生まれた者は三宝を見ることや他の者のために働くことができると源信は考えたのです。

【称すべし】「仏の名を称える」ではなくて、「称すべし」というように命令の意味で読まれてきました（註釈版、二〇七頁）。「極重悪人は唯佛を稱すべし」の一句は源信の『往生要集』の第八章の中の文章に基づき、次の「我またかの攝取の中にあれども」以下の三句は第四章の中の文章に依っています［柏原　一九一五：三三四］。

法然――専修念仏

六人の祖師について述べてきた親鸞は、最後に七人目の祖師として、自らの師である法然房源空（一一三三～一二一二）について述べます。

親鸞が法然の弟子になったのは、一二〇一年、親鸞二十九歳、法然六十九歳の時でした。一二〇七年、専修念仏が禁じられ、四人の弟子が死罪となり、法然と親鸞を含む七人の弟子が流罪となります。一二一一年、法然も親鸞も流罪を許されるのですが、その翌年法然は亡くなります。

法然は十五歳で比叡山に登り、十八歳の時に黒谷流の叡空《えいくう》の弟子となり、法然房源空と名乗ります。この頃法然は、大蔵経を五回読んだという話が伝わっており、この黒谷の経蔵の中で善導大師の『観経疏』「散善義」の一節に突き当たります。

「一心に弥陀の名号を専念して、行住坐臥《ぎょうじゅうざが》、時節の久近を問はず、念々に捨てざるをば、これを正定の業と名づく、かの仏願に順ずるがゆゑに」（一心不乱に阿弥陀仏の名号すなわち南無阿弥陀仏に集中して、行くときも留《とど》まるときも坐っても横になっても、時の久しい近いを問題にすることなく、瞬間瞬間ごとにその心構えを捨てないのを、正定の業つまり浄土に行くことが決定する行為という。というのはかの阿弥陀仏の本願にかなった行いであるから）。

これを転機として法然は念仏の徒となります。法然の主著『選択集《せんちゃくしゅう》』は、阿弥陀仏が衆生のために選んだ願いについて書いていています。すなわち、常に念仏をすることが阿弥陀仏の選択した願であるというのです。

5・8

本《ほん》師《し》源《げん》空《くう》明《みょう》佛《ぶっ》教《きょう》
憐《れん》愍《みん》善《ぜん》惡《あく》凡《ぼん》夫《ぶ》人《にん》
眞《しん》宗《しゅう》教《きょう》　證《しょう》　興《こう》片《へん》州《しゅう》
選《せん》擇《じゃく》本《ほん》願《がん》弘《ぐ》惡《あく》世《せ》
還《げん》來《らい》生《しょう》死《じ》輪《りん》轉《てん》家《げ》
決《けっ》以《ち》疑《ぎ》情《じょう》爲《い》所《しょ》止《し》
速《そく》入《にゅう》寂《じゃく》　靜《じょう》無《む》爲《い》樂《らく》
必《ひっ》以《ち》信《しん》心《じん》爲《い》能《のう》入《にゅう》

本師である源空（法然）は仏教に明るく、
善悪の凡夫を憐れみ、
真宗の教証を片隅の国日本に興し、
選択された本願を五濁の世に広めた。
「生死の輪転する家に還《かえ》るのは、
きまって疑いの心が止めたからである。
すみやかに寂静・無為なる楽（みやこ）に入ることは
必ず信心によって可能である」と述べた。

本師源空は佛教に明らかにして、
善惡の凡夫人を憐愍せしむ、
眞宗の教證を片州に興す、

選擇の本願惡世に弘む。
生死輪轉の家に還來することは、
決するに疑情を以《もつ》て所止とす、
速に寂靜無爲の樂に入ることは、
必ず信心を以て能入とすといへり。

〈大意〉師である法然は仏教のすべてに通暁しており、善人悪人すべての人々を憐れみ、真宗の教証をこの世界の片隅の国である日本に興し、阿弥陀仏によって選択された本願すなわち第一八願を五濁の世に広めた。師は「生死の輪転する家つまり娑婆世界に人々が還ってくるのは、きまって疑いの心が浄土に往くのを止めたからである。すみやかに寂静・無為なる楽（みやこ）、涅槃に入ることは、必ず信心によって可能である」といわれた。

【憐愍】「憐愍せしむ」と註釈版（二〇七頁）では読まれています。

【眞宗】ここでは「真宗」という語が用いられていますが、法然自身は自身が建立した宗派を「浄土真宗」と呼びませんでした。親鸞は『高僧和讃』の中で法然を讃嘆して「智慧光のちからより本師源空あらはれて　浄土真宗をひらきつつ　選択本願のべたまふ」（註釈版、五九五頁）と述べ、「御消息」に「選択本願は浄土真宗なり」（註釈版、五九五頁）と述べています〔内藤　二〇一七：三七〇〕。

【片州】片隅の国、つまり日本のことです。

【悪世】五濁の世を意味します（一一七頁参照）。

【所止】ここでは繋ぎ止めるものを意味します。

【楽】親鸞は「楽」を「みやこ」と読んでいます。『選択集』に「涅槃の城」とあり、「楽」は「みやこ」とも訓ずる「洛」の字と同音であるゆえに、「楽」が「みやこ」と読まれているのです〔柏原　一九一五：三五〇〕。『尊号真像銘文』の中で「「涅槃之城」と申すは。安養浄刹をいふなり。これを涅槃のみやことは申すなり」（註釈版、六六六〜六六七頁）とあります。

『正信偈』のしめくくり

最後に親鸞は、かの七人の高僧への賛辞を述べて『正信偈』を終えています。

5・9

弘經《ぐきょう》大士《だいじ》宗師《しゅうし》等《とう》
拯濟《じょうさい》無邊《むへん》極濁惡《ごくじょくあく》
道俗《どうぞく》時衆《じしゅう》共《ぐ》同心《どうしん》
唯可《ゆいか》信斯《しんし》高僧説《こうそうせつ》

浄土の教えを説いた大士（龍樹等）と宗師（曇鸞等）は
限りのない五濁の悪世の人々を救った。
出家も俗人も人々はみな心を同じくして
ただこの高僧たちの説を信ずべきである。

弘經の大士宗師等、
無邊の極濁惡を拯濟したまふ、
道俗時衆共に同心に
唯この高僧の説を信ずべし。

〈大意〉浄土の教えに関する経典を説いた龍樹等のインドの大士、さらには曇鸞等の中国・日本の祖師は、この五濁のはびこる悪世の人々を救った。出家者も俗人たちもみな同じようにただかの高僧たちの説を信ずるべきである。

―【大士】ここではインドの龍樹と天親を指します。

【宗師】中国および日本の五師すなわち曇鸞、道綽、善導、源信、源空（法然）を指します。
【道俗】「道」は出家者、「俗」は出家者ではない者（俗人）の意味です。

阿弥陀仏の本願

釈迦如来（ゴータマ・ブッダ）をはじめとする如来たちが世に現れたのは阿弥陀仏の本願を明らかにするためであり、龍樹等の七人の祖師たちは釈迦如来の偉業を受け継いだ、というのが親鸞の立場でした。

このような考え方に対して、「阿弥陀信仰は紀元前後に現れたのであって、時代錯誤である」という非難は的を射たものではないと思われます。この親鸞の立場は浄土教の「神学的」立場であるからです。神学的立場にあっては、「阿弥陀仏は永遠の仏である」ということは可能です。それはあたかもキリスト者が「神は世界の創造者であり、紀元前後どころか人類のそもそものはじめ以前から存在していたのである」と主張するのと似ています。

そのような立場が親鸞のそれであったという前提を踏まえてわたしたちは、現代において阿弥陀仏をどのように考えるべきかを探ってきたことになります。

死と時間

浄土を死後の世界に限って考えるのか、現世にもその存在を認めるのかは大きな問題です。このような浄土に関する問題を、インドの初期浄土経典、曇鸞あるいは親鸞に限って文献学的、歴史的に考察することが重要なことであることはいうまでもないことです。

しかし、本章でわたしが目指してきたことは、現代において浄土というものをどのように考えるのかという、いわば神学的考察でした。わたしは真宗あるいは浄土宗の僧侶ではありませんが、仏教の伝統には属したいと思っています。

前にも述べたように、わたし自身は、浄土が死後の世界として実在するとは考えられません。いわゆる正定聚（往生することの決定している者）となることも望んではいません。しかし、今現在も阿弥陀仏の光に照らされているとは思いますし、その光の中で死んでいくはずなのです。浄土とはかの光に照らされた場であります。

「浄土に往った者が迷いの世界へ還って他人を教え導く」ということが実際にどのようなことをいうのかについては、宗派や人によって意見・理解がさまざまです。

わたし自身は、亡くなって浄土に生まれた者が光となってこの世界へと「還ってくること」が還相廻向ではなくて、あくまで生きている間に自分の行為のメリット――それがあれば、の話ですが――を他者へと還すことが還相廻向であると考えています。

わたしにとって浄土とは、自己否定の行われる場のことであり、とりわけ最大の自己否定である、心肺停止の瞬間も、浄土が「時間」というすがたをとったものであると考えています。

わたしたちは普通、一年、一月、一日というようにあたかも時間が均質な延長体であると考えて時間を計っています。しかし、時間は鉄道のレールのような均質のものではなく、レースのカーテンのようなものだと思われます。窓が開けられたとき、レースのカーテンも開けられたとしましょう。カーテンに折りたたまれて襞《ひだ》ができ、「密なる部分」が現れます。カーテンが閉められたときには粗となります。また、時間は太鼓の音のようにリズムを有するものだとも譬えられます。わたしたちは時のリズムに乗りながら、それぞれに与えられた時間の終わりに向かって走っているのです。自分の行為のメリットを他者に振り向ける努力もこの時の流れの中にありますが、ほとんどの人にとっては自分の時間が粗になってしまうこと、あるいは時の太鼓が聞こえなくなることの方がより重要な関心事です。

死後の世界が実在するか否かはわたしには分かりませんが、レースのカーテンも動くことなく、時の太鼓の音も聞こえなくなるその瞬間が存在することは確かです。まさにその瞬間において人は時を超えるのだと思われます。重要なことは、その無時間ともいえる瞬間を人は確実に有することです。さらに重要なことは、人間は自分に許された時間の最後を常に自分の中に——近い未来のこととしてではありますが——有していることです。このような無時間へと収斂していく時間のゆらぎをわたしは浄土と呼びたいと思うのです。

第五章　空海『即身成仏義』を読む——世界の聖化

前章において、親鸞《しんらん》の『正信偈《しょうしんげ》』を読みました。この浄土教の巨人の考え方の根本は、阿弥《あみ》陀仏《だぶつ》はシャカムニに先行する存在であって、シャカムニの出世は阿弥陀の本願を人々に明らかにするためであったということです。さらに、阿弥陀とは光明そのものであり、その光はすべての人々を照らしており、念仏という方便あるいはすがたを通して人に働きかけると親鸞は述べています。

本章では、親鸞の思想の対極にあるかのように見える、空海の考え方を見ることにします。空海にとって重要なほとけは大日如来ですが、密教のほとけである大日如来は阿弥陀仏とその性格が異なっています。もっとも阿弥陀仏も密教のパンテオン（神々の組織）の一員として現れますが、親鸞は密教における阿弥陀については関わりませんでした。

空という自己否定の思想

空海の『即身成仏義』を読み始める前に、この書のテーマと意義をごく簡単に述べておきます。

この書において空海は、「六大《ろくだい》」、つまり地・水・火・風・空・識がどのように組み合わされようとも、それはマンダラというすがたを採っており、そのマンダラは大日如来の身体である、と述べています。空海がマンダラと呼ぶものはわれわれの世界なのですが、この世界の歩みがわれわれの歴史に他なりません。自然あるいは宇宙の歴史に比べるならば、その歴史はまことに短いものです。しかし、それ以外に人類にとっての歴史はありません。

現代における仏教の意義を考える場合、世界が大日如来の身体であるという認識のみでは不十分です。その認識は今日のわれわれ人間にとってどのような意味を持ち、何をなすべきだといっているのでしょうか。その具体的な答えを千二百年前の空海に求めることはできません。

もしもあえて空海の思想の中に、そして仏教の伝統の中にその答えの指針を求めるならば、それは「空の思想」が主張する自己否定でしょう。

空思想は初期仏教以来の無我の考え方を受け継いでいます。空海も空思想の「戦士」です。無我であれ空であれ、その核心は俗なるものの否定作業であり、それは常に自己否定の側面を含みます。この場合の自己否定とは個々人の精神的側面における否定のみではなくて、自治体、国家そして人類の内からの反省とそれに基づいた行為を意味します。このようないわゆる近代的発想は千二百年前の空海にはなかったでしょう。核兵器、人為による地球規模の気候変動、飲料水不足などの問題は空海や親鸞の時代にはなかったのですから。

それでもなお、空海の残した思想は現代人にとっても重要な指針となると思います。空海の思想の根本は、世界がマンダラであり、かつ如来の身体であることですが、その思想の根底には空思想が主張する自己否定があります。

空思想は人間の行為を浄化する動力なのです。人間あるいは世界が自らを自己否定によって蘇《よみがえ》らせる以外に方法はありません。見えざる神の手はもはや伸びてはこないでしょう。

密教の歴史

『即身成仏義』を読む前にわたしたちは密教の歴史を見なければなりません。この書は密教のエッセンスを述べているからです。

紀元前六、五世紀の北インドにおいて誕生したのち、一三、四世紀頃に滅ぶまでのインド仏教には千七百年から千八百年の歴史があり、本書第一章のはじめに述べたように、その歴史は、初期、中期、後期の三期に分けることができます。

紀元前後には大乗仏教が台頭しつつありました。インド仏教は、中期の終わり頃（五、六世紀頃）には自らの体質の変更を余儀なくされました。初期仏教にあっては消極的な態度で接していた儀礼を積極的に自らの体系に取り込まざるを得なくなったのです。儀礼を自分たちも眼の前で見たいという信徒たちの要求に応えたのでしょう。さらにそれまで仏教の出家集団がタブー視していた性への禁忌もある程度、緩和されました。さらに血、皮、骨などに対する地域ごとに残っていた崇拝をも仏教は自らの中に組み入れるようになったのです。このような新しい型の仏教は「仏教タントリズム（密教）」と呼ばれます。この型の仏教は後期大乗仏教の滅んだ後ではなくて、大乗仏教の中の大きな部分として発展しました。

仏教タントリズムは今日、日本、中国チベット自治区、モンゴル、北インド、ブータンなどに残っています。日本における密教はインド後期仏教の始まりの部分が中国を通して伝えられたものです。空海が唐に渡ったときは、インドの仏教タントリズムが中国に伝えられて間もない頃でした。

仏教タントリズムは、古代のバラモン中心主義のテーマである「個我と宇宙との同一性」を受け継いでいます。九世紀頃以降、インドではマンダラに世界軸である須弥山《しゅみせん》のイメージが持ち込まれ、マンダラは世界あるいは宇宙としての側面を強めていきました。空海も世界がマンダラのすがたを採っており、そのマンダラは大日如来の身体でもあると述べていることはすでに述べました。

『大日経』と胎蔵マンダラ

インドにおいてマンダラが作成されたのは、中期仏教の末期および後期仏教においてです。空海が日本にマンダラを持ち帰ったのは九世紀の初頭、つまりインド後期仏教の初期でした。したがって、空海の後、インドでは五、六百年のマンダラの歴史があったことになります。ネパールではインド的要素を多分に残したマンダラの伝統が今も残っています。

マンダラの原初的形態ができあがったのは五世紀頃であったようです。当時は携帯用の祭壇ともいうべきもので、盆の上に小さな仏像、供物容器などが並べられていたと推測されます。このような形のマンダラは、仏に対する供養（プージャー）を行う際の祭壇であって、後世のマンダラのように世界の構造図としての意味は持ってはいませんでした。マンダラを前にしての瞑想《めいそう》あるいは観想の内容および方法も時代とともに変化しました。

七世紀頃の編纂《へんさん》と推定される『大日経』では、特に第二章においてマンダラの描き方が詳しく述べられています。そこに述べられるマンダラは、師が弟子を入門させる儀礼に用いたものであり、師と弟子の二人が一週間をかけて、地面に描くものでした。人気のない場所を選定し、石や骨のかけらなどを取り除きます。土地神への供養、弟子自身の身の浄《きよ》めなどをした後、二人は牛糞《ぎゅうふん》を塗って浄められた地面に墨打ちをするのです。この『大日経』に述べられる「胎蔵マンダラ」を空海が唐から持ち帰りました。もっとも彼が持ち帰ったものは中国的解釈が加えられたものであって、インドで生まれた経典『大日経』に述べられた通りのものではないのですが、インドの古いマンダラの形式をかなりの程度伝えています。

『大日経』のマンダラは、仏たちが並ぶ宮殿を平面に、つまり二次元の世界に表現しようとするものであって、地面に三次元的な造形を作り出そうとするものではありませんでした。師と弟子の二人は色の付いた絵あるいは粒を落としながら一晩でマンダラを描くべきだ、とこの経に述べられています。夜が明けると、できあがったマンダラの前あるいは中に弟子を導き、師は自分の弟子としての印可を与えたのです。

『大日経』では、第二章以外にもマンダラは述べられています。例えば、「秘密曼荼羅品《ひみつまんだらぼん》」第一一（大正蔵　第一八巻　三二頁上）には、「自分の身体にマンダラを想《おも》いなさい。足から臍《へそ》までを地輪であると想い、そこから心臓に至るまでを水輪であると想いなさい。その水輪の上に火輪があり、その上に風輪がある」とあります。ここでは身体が一種のマンダラであると考えられています。

ともあれ『大日経』で説明されるマンダラは、この後で述べる『金剛頂経《こんごうちょうぎょう》』のそれとは異なっていました。空海は当時の中国の伝統に従って『大日経』と『金剛頂経』を車の両輪のように考えており、その考え方は日本では今日に至るまで受け継がれています。

『金剛頂経』と金剛界マンダラ

地面に描かれたマンダラはもともと長期間持続するものとして作られていませんでした。色粉で描かれた仏たちの像は儀礼の途中でくずれてしまいます。儀礼が終わる頃までにマンダラ図はかなりの部分が元の像を留《とど》めていませんでした。さらに、儀式の終わり近くでマンダラが壊されます。マンダラを壊す所作が儀礼の中に一つの段階（次第）として組み入れられていたのです。

七世紀終わりから八世紀の初め頃に編纂された密教経典『金剛頂経』には「金剛界マンダラ」が述べられています。この経典は、地面に描くマンダラというよりは心の中に瞑想するマンダラを主として述べています。後世、『金剛頂経』はヨーガ・タントラと呼ばれるグループに属すると考えられたのですが、まさにヨーガの行法を中心としたマンダラ儀礼が述べられているのです。

ちなみに「金剛（杵《しょ》）」（ヴァジュラ、vajra）とは元来は『リグ・ヴェーダ』に登場するインドラ神の武器としての稲妻のことでした。このインドラ神はやがて金剛手（あるいは執金剛《しゅこんごう》）として仏教に取り入れられました。その際、ヴァジュラは「金剛杵」として金剛手の持物《じもつ》として握られていました。この金剛手の一つのすがたが中国や日本では帝釈天《たいしゃくてん》と呼ばれるようになりました。

一方、三、四世紀に『金剛般若経』（ヴァジュラ・チェーディカー）が成立していますが、この有名な経典のタイトルに現れる「ヴァジュラ」は金剛石つまりダイヤモンドを意味します。つまり、「ヴァジュラ」はダイヤモンドの意味にも用いられるようになったのです。密教にあっては「ヴァジュラ」とは男性原理、方便・活動のシンボルとなりました。一方、鈴（ガンター）が女性原理、智慧《ちえ》などのシンボルでした。さらにヴァジュラはそれのみで、つまり、ガンターと対にはならないで、真理・悟りのシンボルともなったのです。

空海は唐から金剛界マンダラを請来《しょうらい》したのですが、この金剛界マンダラの「金剛」とはどのような意味なのでしょうか。金剛界マンダラはしばしばDiamond Mandalaと訳されます。しかし、これは誤解を招きやすい訳語です。というのは、『金剛頂経』および金剛界マンダラの場合には、「金剛」すなわち「ヴァジュラ」はダイヤモンドという意味ではなくて、真理という意味に用いられているからです。

ほとんどのマンダラにおいてそうであるように、金剛界マンダラに登場する諸尊一人ひとりに、特定のシンボルが定められています。例えば、東方に位置する阿閦如来《あしゅくにょらい》の周りにいる菩薩《ぼさつ》の一人である金剛王菩薩のシンボルは鉤、つまりかぎです。行者は世界中にあるすべての鉤を念じ、右手に集める、と思いを凝らします。世界中のすべての鉤が自分の手の中に実在するかのような感じになったとき、その鉤を前に差し出すのです。すると、鉤を持つ金剛王菩薩が行者の前に立つといわれます。現れた菩薩は消え去ることなくあらかじめ定められた金剛界マンダラの中の定位置に坐《すわ》ります。そして行者は次の尊格の産出にとりかかるのです。このような所作を数十回繰り返すならば行者の周囲には仏や菩薩が行者を取り巻いて坐っていることになります。行者は金剛界マンダラの中心に坐っており、行者はこのマンダラの中尊である大日如来と同一視されるに至るのです。

金剛界マンダラの観想にあって、マンダラは行者がその中にあって修行する場あるいは世界です。ここでのマンダラは盆のような祭壇でもなく、地面に描かれた儀式の場でもなく、自分自身がその中に存するいわば三次元的な疑似空間です。このように行者がその中に入ることが、金剛界マンダラ観想法の最も重要なことです。胎蔵マンダラの場合も修行者がその中に入って印可を受けるべき空間でした。

図1　九重曼荼羅（八事山興正寺、名古屋、元禄11年画）

胎蔵マンダラとともに空海は金剛界マンダラをも持ち帰りました。彼が持ち帰った金剛界マンダラは、九つのマンダラが井形に組み合わさったもの（九重《くえ》曼荼羅）「図1」なのですが、これは中国的解釈のもとに改めて描かれたマンダラです。インド、チベット、ネパールにおいて金剛界マンダラと呼ばれるものは、空海が持ってきた九重マンダラの井形の中央の部分に相当します。われわれがこれから考察する空海の『即身成仏義』では『大日経』と広義の「金剛頂経」（一九九頁）が主要な資料となっています。

インド仏教では九世紀頃には、須弥山を中心とする世界観がマンダラの考える世界構造の中に組み込まれました。仏や菩薩は須弥山の山頂に建てられた宮殿の中に整然と並ぶと考えられていました。やがてこの須弥山の下には地・水・火・風という世界を構成する四元素が垂直にこの順序で、時としては逆の順序で、積まれていると考えられました。一方、この地・水・火・風の四元素は二次元のマンダラ（平面に描かれたマンダラ）では四角い宮殿を取り囲むいくつかの同心円によって表現されたのです「図2」。このように円形の周縁の中に四門を有する宮殿が描かれるといった今日のチベットやネパールのマンダラの基本的な構造は、一〇世紀から一一世紀にできあがっていました。

一一、一二世紀の学僧アバヤーカラグプタが編纂したマンダラ集成『完成せるヨーガの環《わ》』のサンスクリット・テキストが残されていますが、ここには約三十種のマンダラの大まかな構造や、登場する神々の名前が述べられています。これによれば、この著作が編纂された時期にはマンダラは二次元の絵図ではなくて、三次元的な構造を持つものとしても理解されていました。この書に述べられたマンダラ世界はバリアに囲まれた小さな天体に譬《たと》えることができます。金剛地のまわりを金剛の環がとりまき、さらに透明の金剛が無数に集まってできた籠《ろう》（金剛籠）が地面を覆っています。その籠の中に逆三角形の法源すなわち「世界が生まれてくる源

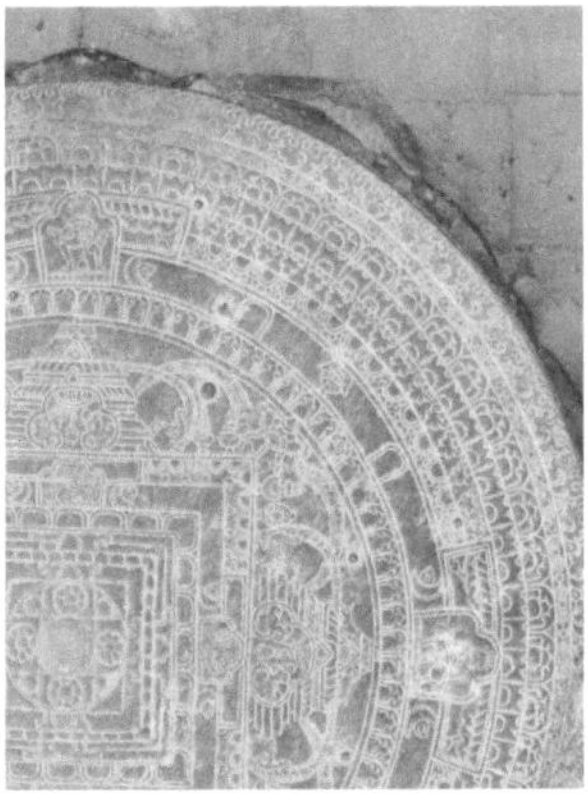

図2　外縁部に地・水・火等の描かれたマンダラ（部分、ハク寺院、パタン、カトマンドゥ盆地）

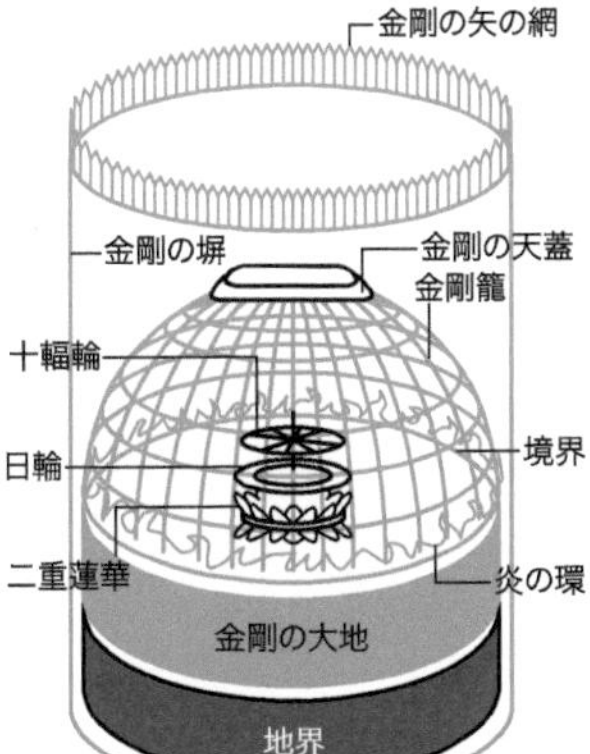

図3　『完成せるヨーガの環』による後期マンダラの立体構造

泉」が浮かんでいます。この逆三角形の法源の中に一般に風・火・水・地の順序で四元素が並び、その上に須弥山がそびえ、さらにその山頂に仏や菩薩の住む宮殿が存在すると考えられました［図3］。

空海のマンダラ

空海は一二世紀の『完成せるヨーガの環』のサンスクリット・テキストを見てはいません。九世紀の初め頃に『即身成仏義』を著した空海は『完成せるヨーガの環』に述べられたような立体的マンダラを知りませんでした。しかし、空海のマンダラ理論は実に大胆かつ斬新です。彼は世界は六つの要素（六大）すなわち地・水・火・風・空・識によって構成されており、それらの要素がどのように組み合わされようとも世界はマンダラと考えました。

空海の考えるマンダラと諸要素（六大）との関係はどのようなものだったのでしょうか。この関係の理解のためには、インド哲学における実在論と唯名論との抗争から考える必要があるでしょう。今、有限個、例えば六つの要素（エレメント）からなる集合（クラス）があるとします。個々の要素とそれらの要素が作ると考えられる全体としての集合との関係については従来、二つの異なる考え方が抗争を続けてきました。この種の抗争は西洋の哲学史にあっても見られます。一方の考え方によれば集合は諸要素と独立した存在であり、他の考え方によれば集合は諸要素の和にほかならず独立した存在ではないというものでした。前者の考え方は実在論

（ヒンドゥー教の中のヴァイシェーシカ学派など）に属します。後者は唯名論（仏教など）に属しますが、これは仏教の伝統でもあり、空海の考え方も唯名論的です。空海はマンダラ（世界）をかたちづくる地・水・火等といった六つの要素は互いに独立したものとは考えませんでした。

実在論と唯名論との論争は実体（基体）と属性（特質、性質）との関係にも関わります。実体と属性が互いに独立したものであると主張するのは実在論的であり、両者が不可分のものであるというのは唯名論的です。すでに述べたように、本書のもくろみは釈迦牟尼《しゃかむに》、阿弥陀仏および大日如来を比較しながらそれぞれの「特質」を把握しようというものです。とりあえず大日如来はさまざまな性質を有する基体と考えることは可能です。では、大日如来という基体ともろもろの性質とはどのような関係にあるのでしょうか。

日本ではしばしば「風のそよぎの中に神を感じる」というような表現がなされます。このような表現は主として神道的な環境において聞かれます。この場合、風そのものが神といわれているのでもなく、風のそよぎが神だといわれているわけでもありません。神がどのようなすがた・かたちをしているのかなどはこの際、問題になっていません。問題にすべきだともほとんどの日本人は考えません。

奈良の春日大社《かすがたいしゃ》のご神体は山だといわれます。しかし、その山に畏敬の念を覚えたとしても日本では誰も山そのものが神であるとは考えないでしょう。眼に見える山の「奥に」神が存在するという人もいます。ではその「奥に」とはどのような意味なのかは、日本においてほとんど問題になりません。山はしるし（象徴、シンボル）だという人がいます。しかし、神と「しるし」とはどのような関係にあるのかを問う人は神道の伝統にはほとんどいないでしょう。むしろそのような問いを発する者は嫌われる傾向にあります。

一方、ヒンドゥー教や仏教タントリズムにあっては神（仏）のすがた（イメージ）は図絵や彫刻に表現できるほどに細部に至るまで規定されています。

本書前半の『正信偈』の考察においては、阿弥陀仏と器世間（世界）との関係はほとんど問題になりませんでした。しかし、これから取り上げる『即身成仏義』の場合には大日如来と器世間との関係が主要なテーマとなります。山川草木と大日如来とがどのような関係にあるのかが、密教では重要な問題となるのです。マンダラは世界の山や川の在り処《か》を記した世界地図ではありませんが、密教的実践が観想の対象とする世界を映しており、山川草木は世界を構成する重要な部分であります。世界の阿弥陀仏は世界を超越するほとけ（尊格）であるのに対して、大日如来は世界に内在するほとけなのです。

体・相・用

『即身成仏義』の主要な内容の一つは六大とマンダラとの関係です。空海の考えるマンダラと諸要素（六大）との関係、さらには大日如来と六要素の関係も単純なものではありません。大日如来は六要素そのものであるとか、大日如来は六要素の組み合わせとしてのマンダラの部分にすぎない、というように考えることはできません。なぜならば、空海は地・水・火等の物理的要素を積み木細工のように組み立てればマンダラになるとは考えていないからです。

空海は『即身成仏義』の中で「体《たい》・相《そう》・用《ゆう》」という術語を用いていますが、これらの用語を空海がどのように用いたのかについて考察しておきましょう。そうすることによって、空海がかの六要素（六大）と大日如来との関係をどのような理論的枠組みにおいて考えていたかを理解することができるからです。

「体・相・用」は中国において生まれ、育てあげられたのですが、「体・用」の組がまず用いられました。「体・用」の典型的な用例が明確に熟語として現れるのは紀元三世紀のことなのですが、類似の哲学的構図は『礼記《らいき》』、『易経《えききょう》』、『老子』、『論語』など早くも紀元前五世紀の文献に見出《みいだ》すことができ、「本末」、「静動」などといったかたちで表現されていた、と指摘されています［ミュラー　二〇一七：一二七］。

道教にあっては根源としての道（体）が人間たちのさまざまな活動に現れるもの（用）と考えられました。儒教にあっては仁が根本の体であり、礼、義などがそのはたらき、すなわち用と捉えられました。

「体」と「用」を現代語におき換えることはかなり困難なことです。「本質」と「はたらき」とすることは可能なようにも見えますが、「本質」という語の意味には「体」のそれとずれがあるようです。例えば、「仁の本質は何か」という質問では、体である仁の中から特徴的なものに焦点を当てて、それを顕在化させようとしています。つまり、この本質は「体」の中の一つの特質あるいは現れであって、「体」そのものを指しているわけではありません。体は「本質」を含んでおり、特質などの奥にあり、眼には見えない「全体」なのです。

「体と用」が「実在と現象」と訳されることがあります。しかし、「実在と現象」という主としてヨーロッパ・アメリカで育てられてきた概念とは異質であるように思われます。インドでは「存在するとは何か」とか「どうしてものは存在するのであって、存在しないのではないか」といった問いは問題にならなかったように思われます。根本的実在があり、それの現れが現象であるといった発想はありませんでした。『リグ・ヴェーダ』の中の宇宙創造を語る「原人歌」（一〇・九〇）には原人（プルシャ）の上の四分の三は天界にあって不死であり、下の四分の一がこの世界（現象界）であると歌われています。つまり、インド最古のこの古典では、実在と現象とは同一のものの部分同士なのです。インド哲学学派の一派であるサーンキャ哲学にあっては霊我（プルシャ）と原質（プラクリティ）の二元論が説かれますが、霊我は原質が自己展開をして世界になっていくのを見守るのみであって、自らが宇宙創造を行うわけではありません。このサーンキャ哲学にあっても存在とは何かというような問いは問題になりませんでした。

空海の『即身成仏義』には、先に述べたように体・用のほかに「相」という語が用いられています。「体・相・用」という術語が重視されるようになった背景には仏教の影響が考えられます。むろん「相」という概念も中国において育てられています。中国における「相」の概念に正確に対応する概念はインドにおいては、見られないか、少なくとも一般的ではありませんでした。

中国および日本では「相」という語は日常生活においてよく用いられてきました。例えば、手相です。指の長さや太さ、掌の肉付き具合などを手相の中に含める場合もありますが、ほとんどの場合、掌の上に見られる「線の走り具合」のことを手相と呼んでいます。その線がその人の性格や運勢を語っているというわけです。この場合「相」という語が用いられてはいますが、「体」という語は用いられません。相が語るその人の性格・運勢が「体」であるとも考えられたとしても、少なくとも「体」という語が用語として登場することはありません。「体」は考慮の外です。「線」という意味の手相は眼で見ることのできるものですが、運勢は少なくともその時点では眼にすることはできません。

「人相」という語もあります。この場合は顔の表情などからその人物の性格などを推しはかります。「良い相だ」とか「人相が悪い」というように用いられています。この場合でもその人物の表情は眼にすることができますが、その人の「本当の性格」は現れたすがた（相）から推しはかることになります。人相を語る場合も「体」という語は用いられません。あえていえば、その人物の「人となり」なのでしょうが、その人の身体（肉体）をいうわけではありません。「墓相」の場合はどうでしょうか。墓石の形や立地条件によって墓相が「よい」とか「わるい」とかいいますが、「墓体」という語は耳にしません。墓の形を「相」というのであれば「墓の体」も問題になりそうなのですが、この際も相を通して推測されるのは、つまり「体」は遺族の家運などです。

「墓相」という場合、中国や日本において墓に用いられる石材の種類と墓の形（相）との関係もほとんど問題になりません。「手相」にあっても掌に現れる線模様と線そのものの関係は問題になりません。掌に現れる線が「体」であって、その線の走り具合が「相」であるということも理屈としては可能です。インドの哲学者たちはそのように主張するかもしれません。しかし、日本では線自体と線の走り具合との関係は問題になりません。

体・相・用という三語が一つのセットとして用いられるようになったのは仏教からの影響が大きかったと思われます。一般に仏教文献において「相」と訳されてきたのは「ラクシャナ」あるいは「ニミッタ」です。これらのサンスクリット単語は特質・印を意味します。例えば「牛の相」（ラクシャナ）とは牛の喉の下に垂れさがっている垂肉（サースナー）のことです。垂肉を有する四足獣のすがたではありません。「ニミッタ」も特質・印を意味し、いわゆる「相」のことではありません。

「体・相・用」という一組の術語セットは、哲学的思考の一つの水平（ホライゾン）と考えられますが、中国や日本ではインド的コンテキストとはかなり異なった状況において用いられてきました。空海もまたその中国・日本的状況においてその術語セットを用いています。

インドにおける実体と属性

ヒンドゥー哲学の中で実在論的立場を採るヴァイシェーシカ学派の世界観を見てみましょう。この学派にあっては実体・属性・運動・普遍・特殊・和合などの六つ（後世は無を加えて七つ）のキャテゴリーの組み合わせによって世界の構造を説明します。実体は西洋でいえばサブスタンスに、属性・運動はクオリティに相当するでしょう。和合とは実体と属性などを結びつけるものです。

この学派によれば、各々のキャテゴリーはそれぞれ独立している実在です。「黒い牛」という場合には牛という実体に黒色という属性が和合していると考えられます。もっとも「牛という実体」とは正しい表現ではありません。眼の前にある物体が「牛である」と認識されるためには、その物体に牛性（牛であること）という普遍が和合していることを知った後でなければ、その物体が「牛である」とは認識できません。この場合重要なことは「実体」と呼ばれているものを眼前にしてはいるのですが、実体そのものがどのようなものであるのかは見ている者に分からないことです。その物体が「牛である」とか「黒いもの」であるという認識は普遍や属性の認識を通じてなされるのであり、実体そのものを直接に認識することはできません。しかし、実在論者たちは漠然としてですが、眼の前には、牛たること（牛性）や黒色という属性とは異なった何ものかが存在すると考えます。その何ものかは、無色透明な器に譬えることのできるようなものであって、その器がなければ属性等の存在する「場」がなくなってしまうと考えているのです。

このようにヴァイシェーシカ学派やニヤーヤ学派は実体（ドラヴィヤ）と属性（グナ）とが別個の存在であることを強調しますが、同じヒンドゥー教哲学学派でありながらも実体と属性とがそれぞれ別個に存在するのではないと主張する学派もあります。ヒンドゥー教最大の哲学学派であるヴェーダーンタ学派です。この学派の代表は八世紀頃のシャンカラですが、彼は根本実在である実体の中に属性や運動などが引きこまれてしまっていると考えます。彼にあっては実体と属性とがそれぞれ別個の実在とは考えられていません。このような立場は「インド型唯名論」と名づけることができます。「唯名論」とは呼ばれますが、それは実体（ドラヴィヤ）と属性（グナ）との最終的無区別を主張するという意味であり、ヴェーダーンタを含めてバラモン正統派にあっては実体（ドラヴィヤ）は実在すると考えられています。

一方、仏教の中の諸学派はおおむね唯名論的立場に立ちます。実体と属性等の無区別を主張するとともにそれらの実在性を否定します。ヒンドゥー教におけると同様、仏教にあっても「実体」と「属性」との関係はさまざまに考えられました。ある学派にあっては実体の実在性は認めないのですが、属性等が「ある程度の強さをもって」存在すると考えました。これはアビダルマ仏教（特に有部《うぶ》）の立場です。この種の仏教では、物質的基礎（色《しき》）、心、心作用などのダルマ（法）によって世界が構成されていると考えられました。

アビダルマ仏教では世界を構成するそれぞれのダルマは実在すると考えられたのですが、この実在性を批判したのが大乗仏教に理論的枠組みを与えたといわれる龍樹（一五〇頃～二五〇頃）でした。龍樹は、アビダルマ仏教が実在と考えたダルマは存在しない（空である）、と考えました。もっとも龍樹の場合にはすべてのダルマが存在しない、といって終わるわけではなく、空性《くうしょう》に接した言葉は「仮説《けせつ》」となって蘇ります。その蘇ったものが実在と考えられたのではないことはいうまでもありません。

後世、大乗仏教において密教が盛んになるにつれて龍樹のいう仮説の世界が重視されるようになりました。マンダラは仮説の世界なのです。空海の『即身成仏義』において極めて重要であるマンダラもこのような視点から見ることができます。

空海における体と相

中国仏教にあっては、すでに述べたように、仏教の影響によって「体・相・用」という一組の術語がしばしば用いられるようになりました。

『即身成仏義』においても「体・相・用」が用いられています。この書にあっては、世界の構成要素は「六大」であり、空海はこれを「体」と呼んでいます。この六大の中には、実在論者のいうところの、いわゆる実体、属性、運動などが理論上は含まれているのです。六大が世界として現れたもの（マンダラ）を空海は「相」と呼んでいます。

いうまでもなく空海にあって「体」はヒンドゥー実在論におけるような意味での実在と考えられていません。しかし、空海が六大を存在の影すらない虚無と考えていないことは明らかです。ヴェーダーンタ学派にあっては「第一のもの」すなわち実体としてのブラフマンは実在するのですが、「第二のもの」としての世界にもある程度の実在性が与えられています。インド型唯名論の典型である龍樹の空思想にあっても世界――龍樹にとっては言葉――は全き虚無ではなく、空性に接した後の蘇り（仮設、仮説）として存在するものでした。

空海にあっても六大という体はマンダラという相（すがた）を採るものであり、マンダラは「仏の身体」であるとも空海自身が述べています。空海にあっては世界は否定さるべき「俗なるもの」ではなくて、その中における生類のいとなみが肯定さるべき「聖なるもの」でした。これが即身成仏の理論的基礎なのです。

『即身成仏義』は空海の著作の中で、短いものに属するのですが、空海の世界観を簡潔に述べたものです。短いとはいえ、十分な量がありますし、用いられている語は難解である上に、密教特有の術語にあふれています。本書の目的は『即身成仏義』の文献学的研究にあるのではなく、この書を通じて大日如来の特質を阿弥陀仏のそれと比較しながら考察することです。したがって、ここでは『即身成仏義』全文（漢文）を取り上げるのではなく、抜き書きをした部分の読み下し文をここに掲げ、その後、大意を付けています。

『即身成仏義』　即身成仏とは何か

経典と論書における典拠

空海は『即身成仏義』を始めるにあたって「即身成仏」という考え方がすでに密教経典の中に見られることを指摘します。

インドの初期仏教にあっては、仏（ブッダ）となる、つまり悟りを得るというのは、幾度も生まれかわりを続けながら修行しても難しいことと考えられていました。それほどに悟りと迷いとはかけ離れていると思われていたのです。このような悟りと迷い（聖なるものと俗なるもの）との距離は、大乗仏教にあっては初期仏教におけるより一層縮められました。やがて密教が盛んになると悟りと迷い、あるいは仏と衆生とは原理的には一つのものだと考えられるようになったのです。「即身成仏」という考え方も仏教史の流れの中の「聖なるもの」と「俗なるもの」との距離の縮小あるいは合一という観点から見ることができます。

「聖なるもの」と「俗なるもの」との距離の縮小は密教の専有ではありません。親鸞の信仰にあってもそのような傾向が見られます。親鸞にあっては、かたちもなく目にも見えない法性法《ほっしょうほっ》身《しん》が名号という方便法身のすがたを採ると考えられています。「方便法身」という法身が口で称《とな》えられるに至る、つまり、人々が体で捉えられるかたちで現れるという考え方には、密教の特徴と考えられている「法身（法を身体としているほとけ）が直接に説法する」という考えと近いものがあります。もっとも法性法身と方便法身という考え方について親鸞は曇鸞《どんらん》から学んでおり、この考え方が本来密教的だと主張するつもりはありません。さらに浄土信仰にあっては光明に他ならない阿弥陀仏に包まれて人々はあります。そもそも「他力による易行」という考え方自体、長く厳しい修行の果てに救いがあるという聖道門の考え方を批判しているのであり、仏の名を称えるという「易しい」行を説いていたのです。

『即身成仏義』のはじめに空海は、成仏つまり仏となることがこの世においてこの身体において可能だということの典拠を経典や論書から引用します。

問うていわく、諸経論の中にみな三劫《ごう》成仏と説く。いま即身成仏の義を建立する何の憑《ひょう》拠《こ》かあるや。答う、秘密蔵の中に如来かくのごとく説きたもう。

〈大意〉質問。「もろもろの経典や論書には成仏のためには三つの宇宙周期（八九頁）ほどの長い時が必要とある。いまこの身のままで仏になるという。どのような典拠があるのか。」答え。「密教の経典や論書の中に述べられている。」

この後、空海は六つの経典と一つの論書から八箇所を引用しています。六つの経典とは広義の「金剛頂経」五種と『大日経』です。広義の「金剛頂経」とは、唐の不空が七五三年に訳した『初会《しょえ》金剛頂経』（十八の会場（会）それぞれで行われた説法を記した経典の内の第一会の記録。大正蔵　第一八巻　第八六五番、三巻教王経）のみを指すのではなくて、関連する経典をまとめて指します。『即身成仏義』において空海は「金剛頂経」をそのように広義に理解していますす［頼富　二〇〇四：二二］。「一つの論書」とは中国において成立したと考えられる『菩提心論』（大正蔵　第三二巻　第一六六五番）です。

空海が引用した典拠では「現に」「現世に」「この身を捨てずして」あるいは「この生において」成仏する、あるいは悟りをうる、といった表現が並びます。ここでは「次の世で」とか「浄土において」という言葉は見られません。阿弥陀仏への信仰にあっては常に死の問題が突きつけられていました。しかし、空海のこの書では死は、少なくとも阿弥陀仏の本願におけるようには問題にされていません。密教にとって重要なマンダラでは死あるいは死神は描かれないのです。東西南北等の方角がマンダラでは重要なのですが、鬼門といったものは描かれていません。

空海が死の問題に無関心であったわけではありません。しかし、死後の「往生」が空海の教学の中で中心問題でないことは確かです。それは空海が浄土教を知らなかった故ではなく、密教そのものの生死観あるいは世界観に基づいているのです。密教ではまずこの娑婆《しゃば》世界が問題にされます。

即身成仏の頌

即身成仏に関する教証を述べた後、空海は「即身成仏の二頌《じゅ》」を述べます。『即身成仏義』はこの二頌の説明であるといっても過言ではありません。頌（シュローカ）とは韻を踏んだ詩であり、偈ともいいます。

「即身成仏の二頌」のうち、第一頌を読みましょう。

かくのごときの経論の字義差別いかん。頌にいわく、

六大無礙《むげ》にして常に瑜伽《ゆが》なり、体《たい》
四種曼荼《まんだ》各々離れず、相《そう》
三密《さんみつ》加持すれば速疾に顕わる、用《ゆう》
重々帝網《じゅうじゅうたいもう》なるを即身と名づく。無礙

〈大意〉以上のような〔先に述べられたような〕経典と論書に述べられた文句の意味、さらには〔「即身」と「成仏」という〕語の違いはどのようなものか。それは次の頌で説明されている。
六大（地・水・火・風・空・識）は互いを妨げず、常に融合している。……………体
四種のマンダラはおのおの不離の関係にある。……………………………………相
〔仏と衆生の身・語・意という〕三種の働きの相互呼応によって
〔成仏が〕速やかに達成される。………………………………………………用
帝釈天宮の珠網のように〔身口意が〕互いに映し合うのを
「身に即して」という。…………………………………………………………無礙

【六大】六大とは、地・水・火・風・空（虚空）・識（認識）の六要素をいうことはすでに述べました。これらの六つを一つのグループ（六界）として考えることは、初期仏教経典である『中阿含経』巻三『度経』（東晋の瞿曇僧伽提婆《ぐどんそうぎゃだいば》訳）にすでに表れています〔頼富　二〇〇四：四二〕。世親の『倶舎《くしゃ》論《ろん》』（一・一二ab）には、地界・水界・火界・風界が種（ブータ、bhūta）と呼ばれていますが、世親の自注には「大種」（マハー・ブータ、mahā-bhūta）とも呼ばれています。「大」の意味は次のように説明されています。「これらが他のすべての物質（色）の依りどころとして大きなものであるから、あるいはまた、それら〔大種〕から生じた〔保持などの〕作用が存する地・水・火・風のあつまりにおいてそれら〔大種〕は大きなところに広がっているから」（[Swami Dwarikadas Shastri 1970 : 42]、〔櫻部　一九六九：一五九〕）参照。龍樹の『中論』第五章においてもこれらの六種が扱われています。空海の「六大」という用語はこのような伝統に基づいてはいますが、『倶舎論』におけるも

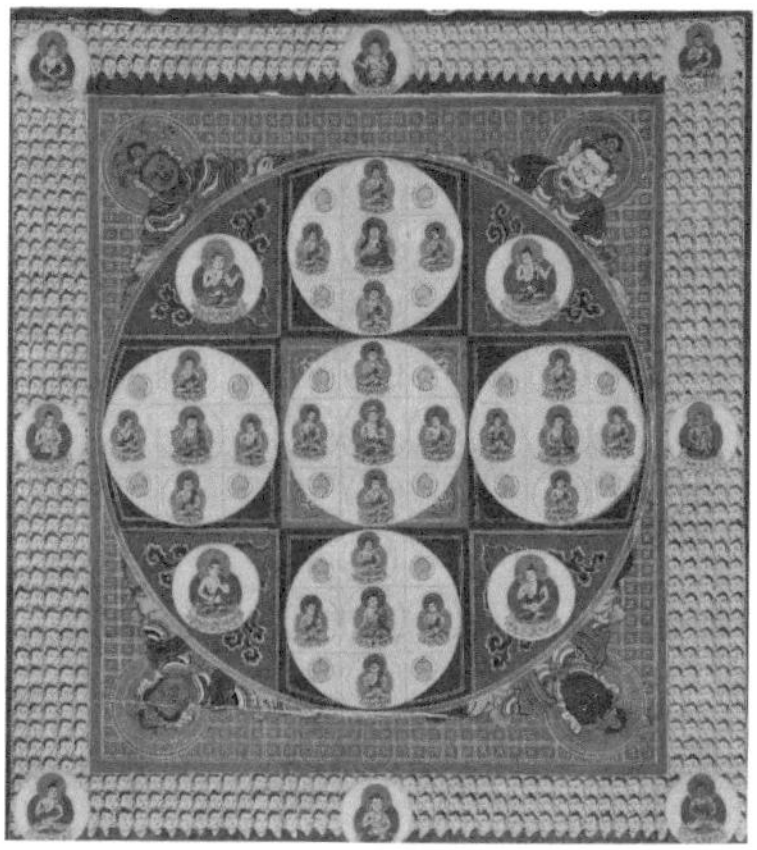

図4　大曼荼羅。図1の中央部分である成身《じょうしん》会《ね》。尊格が人間に近いすがたで表されている

図5　降三世三昧耶曼荼羅。図1の右下部分。尊格はシンボルによって表されている

のとは異なった意味において用いられています。

【瑜伽】「瑜伽」はヨーガ（yoga）の音写であり、加える、結びつける、軛《くびき》をつけるなどを意味する動詞「ユジュ」（√yuj）から派生した名詞です。ここでは呼吸法を中心とした鍛錬、いわゆるヨーガを意味するのではなく、バランスのとれた結合、融合を意味します。

【四種曼荼】ここでいう四種の曼荼羅とは、『金剛頂経』系の経典・儀軌に説かれる以下の四種のマンダラをいいます。これらのマンダラについては後に詳しく考察します。
（一）大曼荼羅。中に並ぶ尊格がすがた・かたちを採って描かれているマンダラ［図4］。また、行者の眼前に現れた尊格のすがたも大曼荼羅と呼ばれます。
（二）三昧耶《さんまや》曼荼羅。中に並ぶ尊格が持物・印相などの象徴（三昧耶）によって描かれているマンダラ［図5］。象徴それ自体も三昧耶曼荼羅と呼ばれます。
（三）法曼荼羅。中に並ぶ尊格が文字（種子）によって描かれているマンダラ。文字そのものも法曼荼羅と呼ばれます［図6］。『四曼義』（二丁右）では「達磨《たつま》曼荼羅」とも呼ばれています。
（四）羯磨《かつま》曼荼羅。「羯磨」とは「カルマン」つまり行為のことですが、仏が趺坐《ふざ》などの姿勢をとったりする所作を羯磨曼荼羅といいます。また彫像、塑像なども羯磨曼荼羅とも呼ばれます。
空海は幾十もの尊格の種字や形像が揃っていなくても、例えばわずかな数の種字が書かれているものであってもマンダラと呼んで差し支えないと考えています。別尊曼荼羅に現れる尊格は一体で

図6　法曼荼羅（八事山興正寺本堂、名古屋）
真言 a vi ra hūṃ khaṃ（ア・ヴィ・ラ・フーン・カン）のすがたをとっている。

す。

【三密】身体的、言語的、心的なものの三種の行為（身語意の三業）という考え方は密教以前にも見られました。密教にあっては「三密」と呼ばれます。「三密」の語は密教行者の身体的、言語的、心的な行為が聖化されていることを表しています。大日如来もまた身・語（口）・意の三種の行為を有しているが如来の行為は衆生にとっては「秘密」である、と考えられたのでしょう。インド初期仏教、インド初期大乗仏教の時代までは、人間の行為はおおむね否定さるべき「俗なるもの」でした。しかし、インドにおいて五、六世紀から勢力を得てきた密教にあっては、以前に比べて人々の身体とより近い存在として考えられるようになり、九、一〇世紀以降ともなると山川草木つまり器世間も如来の身体の一部と考えられるようになりました。ようするに、世界が如来の身体あるいはその部分と考えられるようになったのです。

【加持】「加持」（アディシュターナ、adhiṣṭhāna）とは、文字通りには「上から何かを置くこと」です。宗教学的には、聖性のより強い者から聖性の弱い者へ力を与えることを意味します。一般には「聖なるもの」から「俗なるもの」へと力が加わることです。例えば、師が経典を弟子の頭において「励みなさい」というような場合に「加持」が見られます。

このように「加持」における力の流れは伝統的には一方的なのですが、空海は「加持」における力は相互的と考えます。つまり、如来から衆生へという方向と衆生から如来へという方向とが意味されています。

【帝網】インドラ神の宮殿には宝珠の連なりが網のようになっており、それらの宝珠は互いに互いを映しあっているといわれますが、それを帝網《たいもう》（帝釈天の網、インドラ・ジャーラ）といいます。帝釈天とはインドラ神のことであり、この神はバラモンたちが儀礼において神々に称えた賛歌集『リグ・ヴェーダ』において有名な英雄神です。しかし、「インドラ・ジャーラ」という語は『リグ・ヴェーダ』では現れず、その後の文献ではインドラの武器あるいは罠を意味します。網のようになった宝珠の連なりという意味はさらに後世になって成立したと考えられます（『八十華厳』、大正蔵第六一巻　三三〇頁中参照）。

次に空海は、即身成仏の第二頌を述べます。

法然《ほうねん》に薩《さ》般若《はんにゃ》を具足して、
心数《しんず》心王刹塵《せつじん》に過ぎたり、
各々五智無際智を具す、
円鏡力《えんきょうりき》の故に実覚智なり。　成仏

〈大意〉〔あらゆるものは〕あるがままに一切智をそなえており、

〔人の〕心とその作用との数は、国土を砕いて塵《ちり》にしたものより多い。
心とその作用は、五種の如来智と際限のない智を有している。
〔仏智を映す〕鏡の力のゆえに、真実を覚る者となる。…………………成仏

【法然】「法然」とは自然さながら、あるいは、あるがままに、ということですが、ここでは特殊な訓練あるいは長い期間にわたる修練を必要とするのではなく「もともと備わっていること」を意味します。

【薩般若を具足】ここの「薩般若」は「サルヴァジュニャ（ニャー）」（sarva-jña あるいは sarva-jñā、一切智者）の訛《なま》ったかたち「サッバンニュ」sabbaññu あるいは「サッバンニュー」sabbaññū の音写と考えられます（〔頼富　二〇〇四：二一七〕〔松長　二〇一九：五三〜五四〕参照）。

「具足する」者が誰かに関して、従来異論があります。小田慈舟『即身成仏義講説』（『十巻章講義』上巻、高野山出版社、一九八四年）には「第一句は仏と衆生の同体の立場、第二句は衆生の心、第三句は仏の智慧を意味すると解釈がなされて」います〔松長　二〇一九：五三〕。「具足する」の主語が「人間、動植物を含む一切の存在と理解」する解釈もあり〔松長　二〇一九：五三〕、「あらゆるもの」を主語と考える立場もあります〔頼富　二〇〇四：二一八〕。

後出の〈大意〉では「あらゆるもの」が具足すると解釈しました。『即身成仏義』の後の叙述にも見られるように、空海は人間と人間以外のものとの区別を常に明確に意識していたとは思われな

いからです。

【心数心王】「心数」とは、数々の心の作用を指します。心は一つであり、王に譬えられて「心王」と呼ばれます。

【刹塵】「刹」とは国土を意味する「クシェートラ」の音写の略した語です。「刹土」ともいわれます。

【五智】この五智は金剛界マンダラの中核をなす次のような五仏（七七頁参照）の智慧です。大日如来はそれらの五智を具《そな》え持つと考えられています（五仏については［図4］を参照されたい。［図4］に見られる五つの円それぞれの中心の五人の仏が五仏です）。すなわち、

（一）法界体性智《ほっかいたいしょうち》。法という本質（法界）を自身とする智。「法界」とは法がそのまま界（本質）であるとも法の本質とも解釈できます。いずれの場合も意味にほとんど違いはありません。大日如来の智慧です。

（二）大円鏡智。鏡のようにあらゆるものを映し出す智。阿閦《あしゅく》如来の智慧。

（三）平等性智。あらゆるものを平等に知る智。宝生《ほうしょう》如来の智慧。

（四）妙観察智《みょうかんざっち》。あらゆるものをよく観察する智。阿弥陀如来の智慧。

（五）成所作智《じょうしょさち》。あらゆる行為を成しとげることのできる智。不空《ふくう》如来の智慧。

【円鏡力】明らかな鏡のようにすべてを映し出す力のことですが、五仏それぞれが有する五智の基礎（体）をいいます［勝又　一九六八：五八］。
【実覚智】真実を悟り仏となる智の意味です。

無礙と成仏
次に空海は即身成仏の二頌の大まかな説明をします。

釈していわく、この二頌八句もって即身成仏の四字を歎ず。すなわちこの四字に無辺の義を含ぜり。一切の仏法はこの一句を出《い》でず。ゆえに略して両頌を樹《た》てて無辺の徳を顕わす。頌の文を二に分つ。初の一頌は即身の二字を歎じ、次の一頌は成仏の両字を歎ず。初の中にまた四あり。初の一句は体、二には相、三には用《ゆう》、四には無礙《むげ》なり。
後の頌の中に四あり。初には法仏《ほうぶつ》の成仏を挙げ、次には無数を表し、三には輪円を顕わし、後には所由《しょゆ》を出《いだ》す。

〈大意〉頌の全般的解釈をしておこう。この二頌八句によって「即身成仏」という四文字を讃嘆している。すなわち、この四字には限りのない意味が含まれている。すべての仏教の教えはこの「即身成仏」という一句を出ることはない。それゆえ、要約して二つの頌を掲げて限りない特質を表したのである。

頌の文は二つに分かれる。はじめの頌は「即身」の二字を誉め、次の頌は「成仏」の二字を誉めている。はじめの頌の中にまた四つがある。第一句は体（本体）、第二句は相（すがた）、第三句は用《ゆう》（はたらき）、第四句は無礙（さわりのないこと）を説いている。

後の頌にも四つがある。はじめに真如としての仏（法身）ももとより成仏していることを説き、次には心とその作用が無数であることを述べ、第三にはその心とその作用が円い輪のような限りない智を有していることを表し、最後には成仏の理由を明かしている。

一【法仏】「法仏」は一般には「法身仏」の省略形と考えられます［松長　二〇一九：五九］。

空海による二頌の大まかな説明では体・相・用という三語の他に「無礙」と「成仏」を第四・第五の語として用いられています。「無礙」とは体・相・用の区別さえ無用ということです。体と相あるいは体と用との間の区別を明確にしないというのがインド型唯名論の方法でしたが、空海は「無礙」という概念によってそれまで誰も口にしたことのないような唯名論の極にまで進みました。そのような思想背景を踏まえて「成仏」を論じているのです。

つづいて、「六大」について空海のいうところを読んでみましょう。

『即身成仏義』第一頌第一句　世界の構成要素

空海はこれ以後、即身成仏第一頌第一句「六大は無礙にして常に瑜伽である」を説明します。

「六大は無礙にして常に瑜伽である」

いわく、六大とは五大とおよび識となり。『大日経』にいうところの「我れ本不生を覚《さと》り、語言の道を出過し、諸過解脱することを得、因縁を遠離せり、空は虚空に等しと知る」と。これその義なり。

〈大意〉説明しよう。六要素（六大）とは、地・水・火・風・空という五要素（五大）と認識（識）である。『大日経』第二章に「私はもろもろのものが本より生じていないものであることを覚り、言語表現の域を超越しており、もろもろの罪過から解脱することができ、原因と条件の関係を離れ、また空は虚空に等しいと知った」とあるのはこれを示したものである。

ここで空海は『大日経』巻二「具縁品」の一節「我覚本不生　出過語言道　諸過得解脱　遠離於因縁　知空等虚空」（大正蔵　第一八巻　九頁中）を引用しています。『大日経』のサンスクリット・テキストは少しの断片を除き、見つかっていませんが、正確と考えられているチベット語訳が残されています。右の引用部分あたりのチベット語訳を訳してみます。

わたしが[1]悟った不生のものは、言葉の領域を超えており、
すべての過失がなく、因と縁を離れている（大日経の中の第一頌）。
虚空に等しい、[2]空である智に他ならない、すべての闇を離れ、
まことに無垢《むく》で真実であり、如実に生まれた〔智〕がわたしに[3]生まれた。

（大日経の中の第二頌）

【1】北京版には「それによって」（des）とありますが（『北京版西蔵大蔵経』第五巻　秘密経第一〇巻二四七頁三葉六行）、デルゲ版（Ja巻　一六九葉五行：『台北版西蔵大蔵経』第一七巻　三八八頁三葉五行）により「わたしによって」（ngas）と読みました。漢訳によれば、「わたしは〔もろもろのものが〕不生であると悟ったが、〔その覚った真理は〕言葉の領域を超えており、すべての過失がなく、因と縁を離れており、また、空は虚空に等しと知った」という意味になります。漢訳の中に二つの「知」がありますが、はじめの「知る」は『大日経』の中の二頌の中のはじめの頌の第一句の「知

る」であり、第二の「知る」は第二頌の中の「知る」(智)です。

【2】チベット語訳では「虚空に等しい」が「空である智慧」全体を修飾しています。したがって、チベット語訳に従うかぎり、「虚空に等しい空〔について〕の智慧」と訳すことはできません。虚空に等しいのは智であって「空」ではないのです。ここでは智そのものが空なるものであると理解されています。漢訳では「空は虚空に等しいことを知る」とあります。智は空であり、虚空に等しいものであれば、結局は「虚空に等しい智」ということにはなりますが。

【3】北京版には「それから」(de las)(『北京版西蔵大蔵経』第五巻 秘密経第一〇巻 二四七頁三葉七行)とありますが、デルゲ版(Ja巻 一六九葉六行:『台北版西蔵大蔵経』第一七巻 三八八頁三葉六行)およびナルタン版により「わたしに」(nga la)と読んでいます(〔越智 一九九七:二五〕参照)。

漢訳からも分かるように、空海によって引用された部分はサンスクリット・テキストでは韻を踏んでいた頌(偈)でした。空海が引用した部分は二偈にまたがっていた(一偈と一句)と考えられます。はじめの偈は四句より成る一文章なのですが、その主語は第一句「わたしが悟った不生のもの」であり、後の三句はその述語です。言葉の領域を超えており、因と縁を離れているのは、「わたし(如来)が悟ったもろもろのもの」であり、道理そのものではないのですから、ここでは「わたしが悟った不生のものは」と訳しています。

「わたしが悟った不生のもの」がこの頌の主題であることは、一行の『大日経疏』からも窺《うかが》われます。『大日経疏』には第一の頌に関して「「語言の道を出過し」(第二句)とは此《こ》れより已《い》下《か》は皆是《こ》れ阿字門を転釈す」(国訳一切経　経疏部一四、二〇五頁)(大正蔵　第三九巻　六四六頁中)とあります。初めの頌の第二句から第四句まで第一句にいう「もろもろのものが不生であること」(阿字門)に関する説明だというのです。「阿字門」の「阿」(ア)はサンスクリットのアルファベット第一の文字ですが、空海はこの後すぐ阿字門の説明をします。

『大日経』にはインド人ブッダグヒヤ(覚密)が著した『大日経広釈』のチベット語訳が残っています。ブッダグヒヤはこの箇所を「一切法は本来不生と悟れば蘊《うん》もまた無所得の故に蘊魔《うんま》をも破したることとなり」［酒井　一九八七：一四〇］と註釈しています。「蘊」とは五蘊(物質・感受・単純観念・慣性・認識)のことであり、有為の営みを指します。それは本来実在しないものであり、「俗なる」滅せらるべきものであり、ゆえに「蘊魔」と呼ばれているのです。ブッダグヒヤのかの箇所によるならば、『大日経』から引用されたかの頌にあって「もろもろのもの」(一切法)が主語であったと解釈できるでしょう。酒井眞典による和訳にも「無生と我が証せる(法)はとは」とあり、「無生と我が証せる(法)」という句をブッダグヒヤがひとまとまりの語句とみなし、主語と考えていたことを窺わせます［酒井　一九八七：一四〇］。

次に空海は、『大日経』の中から引用した詩句と六大とを関係づけます。その際の重要な媒介となるのが次のような種子《しゅじ》真言です。真言には六音節(六文字)ありますが、真言に続く空海の説明にあっては、初めの五文字のみが説明されています。ちなみに空海はかの真言を記すにあたって悉曇《しったん》梵字を用いていますが、ここではローマ字表記で出します。

かの種子真言にいわく、「a vi ra hūṃ khaṃ hūṃ」。いわく、阿《あ》字諸法本不生の義とは、すなわちこれ地大なり。嚩《ば》字離言説とはこれを水大という。清浄無垢塵《しょうじょうむくじん》とはこれすなわち囉《ら》字火大なり。因業不可得とは訶《か》字門風大なり。等虚空とは欠《か》字の字相すなわち空大なり。

〈大意〉かの種子《しゅじ》真言には「ア・ヴィ・ラ・フーン・カン・フーン」（a vi ra hūṃ khaṃ hūṃ）という。すなわち、

〔この種子真言の最初の〕「ア」（阿、a）字は、「もろもろのものは本より不生であること」（ādy-anutpanna）の最初の字である「ア」字を指している。これは要素「地」を指している。〔地の特質は堅固性だから。〕

〔第二の〕「ヴァあるいはバ」（嚩、va）字〔空海引用の真言では vi である〕は、「〔もろもろのものは〕言語表現（vāc）の域を超越しており」の va 文字のことである。これは要素「水」を指している。〔水には浄化の作用があるから。〕

〔第三の〕「ラ」（囉、ra）字は、「〔もろもろのものは〕清浄にして垢《あか》や塵《ちり》（rajas）がない」の ra 文字のことである。これは要素「火」を指している。

〔第四の〕「ハ」（訶、ha）字は、「〔もろもろのものは〕因（hetu）や業を超えている」のha文字のことである。これは要素「風」を指している。

〔第五の〕「カ」（欠、kha）字は、「〔智は〕虚空（kha）に等しい」のkha字の相すなわち要素「空」を指している。

【阿《あ》字】「ア」（a）という文字。「もろもろのものは本来不生である」の否定詞「不」（a）を指しています。密教教学では文字a要素「地」を象徴します。

【本不生】「本来不生（あるいは本不生）」（ādy-anutpanna）とは、「本より、生じているもの（utpanna）ではない」（本より生じていない）という意味です。これは、恒常的に存するものという意味ともなります。もしも「本来生じているもの（an-ādyutpanna）ではない」とあったならば、「本より生じてはいないが、あるとき生ずる可能性のあるもの」を意味します。ここにいう「本来不生」は、龍樹の『中論』第一章におけるように「まったくものは生じない」ではなく、ものが当初から存在しているゆえに生ずる必要のないもの、と解釈することも可能かもしれませんが、「本より存在しているのだから生ずる必要がない」と解釈する方が密教にあっては正しいでしょう。

ものが当初からあるというのは、仏教の伝統に背きます。しかし、「本初仏」（アーディ・ブッダ、ādi-buddha）という言葉が後世の仏教ではしばしば用いられます。この仏は永遠と考えられています。『法華経』にも「久遠の仏」が説かれています。密教では仏が、親鸞における阿弥陀のように、初めから存在していた者と考えられた可能性もあるのです。

【嚩字《ば》】上の種子真言では「ヴィ」(vi)とありますが、真言の説明にあっては「ヴァ」(va)が問題にされています。もっとも「ヴァ」の音は日本語にはなく、「バ」と表記されます。空海は「ヴァーチュ」(言葉、vāc)の「ヴァ」と「ヴァーリ」(水、vāri)の「ヴァ」と等置しています。これについては後で改めて説明します(二一八頁)。

【囉字《ら》】「ラ」(ra)という文字。空海は「ラジャス」(塵、rajas)の「ラ」と取る一方で「ラヴィ」(火、太陽、ravi)の「ラ」であるとも解釈しています。これについても後で述べます(二一八頁)。

【訶字《か》】〝hūṃ〟という文字。空海は因(ヘートゥ、hetu)の「ヘ」を「カ」と解釈するとともに「風」に当てています。空海は「訶」に「カ」の音を当てていますが、サンスクリットでは「ハ」です。「カ」も「ハ」も共に喉の音であり、「摩訶不思議《まかふしぎ》」の場合のように「訶」を「カ」と日本では昔から発音されてきました。サンスクリット表記ではhaとheは母音記号が異なるのみで、両者とも同じ基字を用いています。ただ「風」のサンスクリットとして空海がどのような語を想定していたかは不明です。ようするに、真言の「フーン」(hūṃ)という語は空海の説明の「因業」の「因」(ヘートゥ)と等置されており、空海の説明の中では「訶」(カ)と記されているのです。

【欠字《か》】〝khaṃ〟という文字。「カ」(kha)は虚空すなわち第五の要素(大)を意味します。

以上が「ア・ヴィ・ラ・フーン・カン・フーン」の中の初めの五文字についての空海によるひととおりの説明です。それらの五文字それぞれを地・水・火・風・空それぞれに対応させています。

「ア・ヴィ・ラ・フーン・カン・フーン」という真言のうち、最初の五文字「ア・ヴィ・ラ・フーン・カン」（あるいは、アハ（aḥ）・ヴィ・ラ・フーン・カン）は、五字明《ごじみよう》といって大日如来が四魔を降伏《ごうぶく》したときの秘密の真言（明）です。この五字明の「基本形は a va ra ha kha で、地水火風空の五大の種字である。五大の体得は法身大日の体得であるから、大日の真言に転じ、さらに涅槃点《ねはんてん》を付して究極の悟りを示すためにアク（aḥ）・ビ・ラ・ウン・ケンとなった」と指摘されています［八田　一九八五：四］。この五文字の真言に空海は「『金剛頂経』を代表する真言 hūṃ 字を合わせた六文字の真言種子を、六大にそれぞれ配し」たのです［松長　二〇一九：六四］。涅槃点とは鼻音「ン」を示す文字の上部に付される点（空点、アヌスヴァーラ）のことです。

「ア・ヴィ・ラ・フーン・カン」の真言は元来は「ア・ヴィーラ・フーン・カン」（ア　勇者よ　フーン　カン、a vīra hūṃ khaṃ）であった可能性もあります。東インドのオリッサ州で発見された胎蔵大日像に刻まれた真言と符合すると指摘されています［宮坂他　二〇一二：二九五］。このように考えるならば、ヴィとヴァの混同の理由も理解できます。

空海が引用している真言の最初の文字「ア」は「〔もろもろのものは〕本来、生じたものではない」（本不生）のサンスクリット「アーディ・アヌトパンナ」（ādy-anutpanna）の最初の「ア」を指していました。空海がすぐこの後に引用する『大日経』阿闍梨《あじゃり》真実智品の文では「ア」の字は「第一の生命だから」という理由が述べられています。しかし、「ア」の文字と地の要素との関連が直截《ちょくせつ》に述べられているわけではありません。アビダルマ仏教では「地」という要素（ブータ）の特質は堅固なることでした。『大日経』において「ア」の文字と地とを関連づけられていることは確かですが、文字「ア」と地を意味する文字との結びつきは『大日経』には述べられていません。

基本形と考えられる真言の中の「ヴァ」は、言葉を意味するサンスクリット単語「ヴァーチュ」（vāc）の「ヴァ」を指していると解釈されています。すでに述べたように『即身成仏義』の中で空海が引用するかの真言の第二の文字は「ヴァ」ではなく「ヴィ」です。文字「嚩」は「ヴァ」であって「ヴィ」と読むことはできません。

「ヴァーチュ」は言葉を意味しますが、「ヴァーリ」（vāri）は水を意味します。したがって、「ヴァ」の文字が言葉と水との両者を指していたと解釈されてきました。また「ラ」は塵を意味する「ラジャス」と解釈されています。地・水の後の「ラ」であれば多くのインド人は「ラヴィ」（太陽、光、火）を連想したことでしょう。ここでも「ラ」文字を塵と火の両方を指していると理解されています。

後世のヨーガにあっては「息」（プラーナ）が通る無数の「脈管」（ナーディー）が考えられるのですが、人体を巡る息の中継点ともいうべき脈管の叢《そう》（チャクラ）が一般には六つ想定されます。それらのチャクラは尾骶骨《びていこつ》の最下部に地のチャクラ、その上（生殖器のあたり）に水のチャクラ、さらにその上には順に火、風、空のチャクラが並びます。下から第二のチャクラにイメージされる文字は水を意味する「ヴァーリ」（vāri）の「ヴァ」であり、第三のチャクラのイメージ文字は火あるいは太陽を意味する「ラヴィ」（ravi）の「ラ」です。地のチャクラにあった「気」はまだ汚れています。それが「水」のチャクラを通って浄化され、さらに「火」のチャクラにおいて試練を受けます。試練を終えた「気」は「風」の中に放たれると考えられました。空海の時代にはまだこのような人体の中のチャクラ図（ヨーガ・プルシャの図）はまだ明確には成立していなかったと考えられますが、当時、仏教タントリズムの中ではその初期的なものはできあがっていたと考えられます。

後に空海も引用する『大日経』の箇所では、「言語表現（vāc）の域を超越する」とか「清浄にして垢や塵（rajas）がない」という表現はなく、人体に地・水・火・風を象徴する文字を布置（ニヤーサ）せよというくだりが見られます。この場合の水は「ヴァ」、火は「ラ」、空は「カ」であり、それぞれ水を意味する「ヴァーリ」、火を意味する「ラヴィ」、空を意味する「カ」を意味していると考えられます。しかし「地」と「風」を指すと考えられる「ア」および「フーン」に関してはサンスクリット単語との直接的な対応関係は不明です。

識とは何か

五大の説明が終わったので、次に空海は第六の要素（大）つまり識を説明します。

我覚とは識大なり、因位には識と名づけ、果位には智という。智すなわち覚なるがゆえに。梵音の buddha と bodhi は一字の転なり。buddha を覚と名づけ、bodhi を智という。ゆえに諸経の中にいうところの samyak-sambodhi とは、古には遍知と翻じ、新には等覚と訳す。覚知義相渉《わた》るがゆえに。この経に識を号して覚とするは、強きに従いて名を得。因果の別、本末の異《ことなり》のみ。この経の偈は五仏の三摩地に約してかくのごとくの説をなす。

〈大意〉〔前に引用した「我覚本不生」（我れ本不生を覚《さと》りの）〕「我覚」とは識という大〔要素〕を指している。〔修行中の段階である〕因の位では〔心を〕識と名づけ、〔悟りを得た〕果の位では智と呼ぶ。智はすなわち覚であるから。梵音の「ブッダ」buddha と「ボーディ」bodhi は同一の〔√budh という〕動詞から派生している。「ブッダ」buddha を覚〔覚者〕と名づけ、「ボーディ」bodhi を智というのである。それゆえ、諸経の中に見られる「サムヤック・サンボーディ」samyak-sambodhi は、古い訳では「遍知」といい、新しい訳では「等覚」と訳されている。「覚る」と「知る」の意味が通じ合っているからである。
この経（『大日経』）において識を指して「覚」とするのは、〔本不生を覚るという点が〕重要であるから〔覚りという〕表現を用いているのである。〔修行中の段階という〕因の位におけることか〔悟りという〕果の位におけることかの区別、あるいは〔心の〕本体のことなのか〔心の〕さまざまな作用（末）のことなのかの違いがあるにすぎない。かの『大日経』の偈は〔大日・阿閦《あしゅく》・宝生《ほうしょう》・阿弥陀・不空《ふくう》という〕五仏それぞれの精神集中（サマーディ、三摩地）の境地を要約してかのように述べたのである。

これ以後しばらくの間の議論は「ア・ヴィ・ラ・フーン・カン・フーン」という種子真言を中心として行われます。

また「金剛頂経」にいわく、「諸法は本より不生なり、自性言説を離れたり、清浄にして垢染なし。因果なり、虚空に等し」と。

これまた『大日経』に同じ。諸法とはいわくもろもろの心法なり。心王心数その数無量なり。ゆえに諸という。心識は名異にして義通ぜり。ゆえに天親等は三界は唯心なり、をもって唯識の義を成立す。自余は上の説に同じ。

〈大意〉また広義の「金剛頂経」（『三摩地経《さんまじ》』（金剛頂瑜伽修習《こんごうちょうゆがしゅうじゅう》毘盧遮那三摩地法）」（金剛智訳、大正蔵　第一八巻　三三一頁上）にいう。「諸法は本より生じない。その本性は言葉を超えている。清浄であって汚れがない。原因と結果の理に従っている。虚空と等しい」と。

これはまた『大日経』の場合と同じである。ここでいう「諸法」とは、もろもろの心の作用（法）のことである。心そのものと心の作用の数は数えることができないほど多い。ゆえに「諸」という。心と識は名称が異なっているが意味は共通している。それゆえ〈唯識思想の大成者〉天親（世親）たちは「三界は唯心」（全世界はただ心より成っている：世親『唯識二十論』第一偈）と説いて唯識の学説を成立させている。他のことは先の〔『大日経』の〕説に同じである。

ここで空海が引用した『三摩地経』の内容は、先に引用された『大日経』と酷似しています。ここでの主語は「諸法」です。『三摩地経』が『大日経』から引用しているとも思われます。ただ重要な違いもあります。『大日経』では「〔あらゆるものは〕因や業を超えている」とあったのですが、『三摩地経』では「因果なり」（原因と結果の理に従っている）とあります。いずれの場合も意味は通じますが、内容はいささか異なります。

さらに空海は『大日経』から先と同じような文を引用します。

また『大日経』にいわく、「我すなわち心位に同なり。一切処に自在にして、普く種々の有情および非情に通ぜり。a阿字は第一命なり、va嚩《ば》字を名づけて水となし、ra囉《ら》字を名づけて火となし、hūṃ吽《うん》字を名づけて風となす、khaṃ佉《か》字は虚空と同じ」と。この経文の初の句「我すなわち心位に同なり」（我即同心位）とは、いわゆる心はすなわち識智なり。後の五句はすなわちこれ五大なり。中の三句は六大の自在の用、無礙の徳を表す。『般若経』および『瓔珞経《ようらくきょう》』等にもまた六大の義を説けり。

〈大意〉また『大日経』「阿闍梨真実智品」（大正蔵　第一八巻　三八頁中・下）に述べられている。「我〔すなわち大日の心呪であるa〕と〔行者の心呪であるaは〕位置が同じである。〔その心呪の力は〕あらゆるところにさえぎるものなく存在して、あまねくさまざまな生類（有情）および生きてはいないもの（非情）に偏在している。a（阿、ア）字は第一命なり、va（嚩、ヴァあるいはバ）字を名づけて水と捉え、ra（囉、ラ）字を名づけて火と考え、hūṃ（吽、ウン）字を名づけて風とみなし、khaṃ（佉、カン）字は虚空のことである」と。

この経文（『大日経』）からの引用文の最初の句に「我とは心の位相（位態）と同じである」とあるが、この「心」は〔第六要素である〕識すなわち智のことである。後の五句は五要素（地・水・火・風・空）を述べている。〔「あらゆるところにさえぎるものなく」等の〕中間の三句は、六要素の自由自在なる作用とさまたげのないこと〔無礙〕という特質を表している。『般若経』〔大般若経　第一八二巻〔大正蔵　第五巻　九七九頁下〕〕や『瓔珞経』〔菩薩瓔珞経〔大正蔵　第一六巻　一九頁下〕〕などにもまた六大のことが説かれている。

【我】「我」は大日如来を意味するという説と行者を指すという説との二つがあります〔松長　二〇一九：七八～七九〕。〔松長　二〇一九：七六〕において、『大日経』からの引用の最初の部分である「我すなわち心位に同なり」という部分の「現代表現」は「私は心でもある」とあります。

【心位】ブッダグヒヤの注釈書『大日経広釈』には「我が胸の住位に置くべきものは　とは、世尊自身の心呪たるそのaを自らの胸の輪に思惟すべしということなり」〔酒井　一九八七：三九一〕とあります。本書ではこの解釈に従っています。

『大日経』はここで布置〔ニヤーサ、niyāsa〕と呼ばれる行法について語っています。この行法はヒンドゥー教および仏教において広く行われているものです。神々あるいは仏たち、さらには地・水・火などの要素〔元素〕を象徴する文字あるいはイメージを行者〔実践者〕の身体の各部位に置いて、神々との一体性あるいは「神々に守られてあること」を実感する方法です。ヒンドゥー教では「カヴァチャ」〔鎧〕と呼ばれる布置がよく知られています。例えば、さまざまな神たちを呼びよせ、自分の身体の各部分に布置し、自分を守る鎧となってもらうというものです。

ここでは本尊すなわち大日如来の身体の各部分にある象徴文字が行者の身体にも同じように布置されるべきだと考えられています。

【第一命】いのちの最勝なるものという意味です〔松長　二〇一九：七九〕〔酒井　一九八七：三九一〕。

世界をかたちづくる六大

真言の説明がひととおり終わったところで、空海はかの六要素（六大）が世界をかたちづくるさまを述べようとします。それはとりもなおさず、如来、如来の身体の出生をも語ることでもありました。

かくのごとくの六大は能《よ》く一切の仏および一切衆生、器界《きかい》等の四種法身と三種世間とを造す。ゆえに大日尊は如来発生の偈を説いていわく、

〈大意〉以上述べたような六要素には、一切の仏および一切の衆生、物質世界（器界）などである四種の法身および三種の世間とを造り出す能力がある。ゆえに大日尊は「如来があらゆるものを生み出すことを語る偈」（如来発生の偈）を説いて次のようにいわれている。

【器界】器世間と同じ意味です。仏教では世界が世間と器世間の二層からなると考えられています。世間は生きものであり、器世間はその世間の存する器です。この二重構造はマンダラの基本構造でもあります。というのは、ほとけたち（尊格）という世間が宮殿の中あるいは地水火風よりできた世界（器世間）の上に並んでいる様を写す図あるいはイメージがマンダラですから。

【四種の法身】紀元四世紀頃までには、仏の身体として法身のほかに報身《ほうじん》、化身が考えられ、仏の三身説《さんじん》がほぼ確立されていました（二六一頁参照）。報身仏（サンボーガ・カーヤ・ブッダ）とは、自らの修行の成就を享受（サンボーガ）するための身体を有する仏のことです。後世、修行の結果を喜び味わうこと（法楽）をひとり楽しむ「自受用身」と他人にもこの楽しみを受けさせる「他受用身」とがあると考えられるようになりました。化身とは歴史的仏つまりゴータマ・ブッダあるいはその生まれかわりと考えられる生身のほとけです。例えば、チベット仏教では師（ラマ、目上の者の意）は化身仏と考えられます。ラマイズム（師中心主義）とは、チベット仏教では特に師が尊崇されるのでそのように命名されたのです。

法身（ダルマ・カーヤ）すなわち法身仏とは、法そのものを身体とする仏のことです。密教以外の仏教（顕教）にあっては法身はすがた・かたちなく眼に見えないものでした。しかし、密教においては一般に法身仏がすがた・かたちのあるものです。ここにいう四種の仏身の考え方は、顕教において考えられている三身すべてが法身の働きとして理解されています。

（一）自性《じしょう》法身。本性（自性）としての法身。顕教における法身に相当します。

（二）受用《じゅゆう》法身。空海にあっては「自受用身」と「他受用身」の両者が考えられていたと思われます。

（三）変化《へんげ》法身。さまざまにすがたを変えて人々を救う法身。顕教における化身よりも広い意味に用いられています。

（四）等流《とうる》法身。因から流出した、因と形・性質の等しい結果を「等流の果」といいます。必要に応じて仏がそのすがたそのままに現れる法身をいいます。

親鸞の思想にあっては法性法身と方便法身という考え方が見られると先に述べましたが（一九七頁）、空海にあっても「身」つまり如来の身体という考え方が重要です。これは法性つまり真理が抽象的な原理に留《とど》まるのではなく、身体を有する人格神であることを示しています。人格神であるということは、交わりが可能であることを意味します。その交わりは念仏であり、瞑想（ヨーガ）でした。

【三種の世間】二種の説があります。或る説では仮名《けみょう》（衆生）世間、五陰（五蘊）世間、国土（器）世間をいいますが、また他の説では、器世間、衆生世間、智正覚《ちしょうかく》世間（悟った者の世界）をいいます。空海は後者の説に従っています。

【如来発生の偈】この偈（『大日経』秘密曼荼羅品（大正蔵　第一八巻　三一頁上）（国訳一切経　密教部（一）一四一頁）とは次のものです。「即身成仏の頌」の内容と基本的には同じですが、六要素の「ものを生む力」に焦点を当てて世界の成立を説明しています。

能《よ》く随累形《ずいるい》の　諸法と法相と
諸仏と声聞と　救世《ぐぜ》の因縁覚《えんがく》と
勤勇《ごんゆう》の菩薩衆とを生ず　および人尊もまた然《しか》り。
衆生・器世界　次第にして成立す
生住等の諸法　常恒《じょうごう》にかくのごとく生ず。

〈大意〉あらゆるものに応じたかたちを採るもろもろのものとそのすがた・かたち（相）ともろもろの仏と声聞（釈迦の教えを直接聞いて悟った者）と人々を救う因縁を悟る者（釈迦の教えを直接聞かずに悟った者、縁覚、独覚《どくかく》）と、努力している菩薩たちを生むことができる。釈迦［あるいは悟ったもの］もまた同様である。生類や命なきものも順に成立する。生まれ、持続し、変異し、滅するもろもろのものは永久にこのように生まれるのである。

【随累形】あらゆるものに応じたかたち。

【人尊】「人尊」が釈尊をさすか、等覚をさすかの二説があります〔勝又　一九六八：四九〕。頼富本宏の訳注では「人間の中で最も尊い者。具体的には釈尊を指す」とあり〔頼富　二〇〇四：五〇〕、松長有慶の訳注には「諸々の勝《すぐ》れた聖者」とあります〔松長　二〇一九：八二〕。

【生住等】もろもろのものは生・住・異・滅（四相）のすがたをとります。

【常恒…生】『弘法大師著作全集』には「常恒に生ず。本不生であるが、生ずる。不生の生」とあります〔勝又　一九六八：四九〕。これまでにも見たように「ものは本より不生である」とはものが無始以来、存在するものである、を意味すると解釈できます。ここで空海は「ものは常恒に生ずる」と述べています。すなわち、ものはどの時点においても久遠の時においても生ずるという意味においてもろもろのものは無始以来存すると述べられている、と考えられます。「どの時点においてもどのようにしてもものは生じない」というのが大乗仏教に理論的基礎を与えた龍樹の考え方でした。ここで空海は「本来、不生である」というように龍樹のテーゼに似た表現を用いながら、「ものは生ずる」という肯定形の密教的テーゼを提示しています。

次に空海は今述べた「如来発生の偈」を説明します。ここでは偈と頌は同じ意味です。

この偈は何の義をか顕現する。いわく六大能く四種法身と曼荼羅および三種世間を生ずる

ことを表す。いわく諸法とは心法なり、法相とは色法なり。またつぎに諸法というは通名を挙げ、法相とは差別を顕わす。ゆえに下の句に諸法・声聞・縁覚・菩薩・衆生・器世間次第にして成立すという。またつぎに諸法とは法曼荼羅なり、法相とは三昧耶《さんまや》身なり。諸仏乃至《ないし》衆生とは大曼荼羅身なり。器世界とは所依《しょえ》の土を表す。この器界とは三昧耶曼荼羅の総名なり。またつぎに仏・菩薩・二乗とは智正覚世間を表す。衆生とは衆生世間なり。器世界とはすなわちこれ器世間なり。またつぎに能生《のうしょう》とは六大なり。随類形とは所生の法なり。すなわち四種法身・三種世間これなり。

〈大意〉この偈はどのようなことを明らかにしているのか。〔五種の解釈が考えられる。〕〔第一の在り方。〕六大には四種の法身、マンダラ、三種の世間を生む力のあることを表している。「諸法」とは心から成るさまざまなもの（法）であり、「法相」とは物質（色）の〔すがたを採る〕もの（法）のことである。

〔第二の在り方。〕また次に〔別の観点からいえば〕「諸法」とは全体的に述べたものであり、「法相」とは〔それぞれのものの相を述べることによって〕種差を明らかにしている。それゆえ以下の句において「諸法・声聞・縁覚・菩薩・衆生・器世間が順次成立するというのである。

〔第三の在り方。〕また〔別の解釈をするならば〕「諸法」とは法曼荼羅を意味し、「法相」とは三昧耶身を指している。〔頌における〕「諸仏」から「衆生」に至るまでの文句は大曼荼羅身のことである。「器世界」とは〔生類の〕依りどころなる土（環境世界）を表す。この器界とは三昧耶曼荼羅の総称である。

〔第四の在り方。〕また次に「仏・菩薩・二乗（声聞・縁覚）」とは智正覚世間（悟った者の世界）を表している。「衆生」とは衆生という世間を意味している。「器世界」とは生類の器としての世界（世間）のことである。

〔第五の在り方。〕また次に「能生」（生む能力があるもの）とはかの六要素（六大）を指している。「随類形」とは〔六大によって〕造られたもの（所生の法）のことであり、四種の法身と三種の世界（世間）を意味している。


【三昧耶身】三昧耶とは象徴のことでした（二〇三頁）。三昧耶身とは象徴としての（あるいは象徴によって表された）仏の身体を意味します。ここで空海は「諸法とは法曼荼羅を意味し、法相（もろもろのもののすがた・かたち）とは三昧耶身を指している」と述べており、「法相とは三昧耶マンダラである」とは述べていません。仏身はマンダラに他ならないゆえに、ここでは曼荼羅といわずに如来の身体であるという側面を述べているとも考えられます。

【三昧耶曼荼羅】「即身成仏の頌」（二〇〇頁～）の説明において「三昧耶曼荼羅」に関しては次のように述べました。「［マンダラの］中に並ぶ尊格が持物・印相などの象徴（三昧耶）によって描かれているマンダラ。象徴それ自体も三昧耶曼荼羅とも呼ばれます。」

直前には「三昧耶身」という語が用いられていましたが、ここでは「器界が三昧耶曼荼羅である」と述べられています。これは器界つまり生類が住んでいる器としての器世間を総称しているゆえに「曼荼羅」と表現されているのでしょう。

『即身成仏義』第一頌第一句　諸要素と身体

マンダラとほとけ

次に空海は「マンダラにおけるほとけたちの位置やそれぞれのほとけたちが手にする持物《じもつ》などが説明される」という意味の『大日経』の文を引用します。その文では、具体的には行者（実践者）の身体の各部分にどのような要素が布置《ふち》されるのかが説明されます。この布置（布字）は空海にとっては六大による世界形成の一環でした。

ゆえに次にまたいわく、「秘密主、曼荼羅の聖尊の分位と種子と標幟とを造することにあり。汝まさに諦《あきらか》に聴け、われ今演説すべし」。すなわち偈を説いてのたまわく、

〈大意〉ゆえにまた次のように〔『大日経』秘密曼荼羅品第一一（大正蔵　第一八巻　三一頁上）〕述べられている。「〔密教行者の主〕金剛手よ、マンダラに配される聖なる尊格たちの位置と〔尊格を指し示す〕文字とそれぞれの尊格が手にする持物とを図示すべきである。あなたは今はっきりと聴くべきだ。わたしは今それを説こう」と。このようにして仏は偈を説いた。

【秘密主】密教行者の意味です。

【幖幟】尊格が手にするしるし、持物、すなわち、三昧耶のことです。

真言者、円壇を先に自体に置け。
足より臍《ほぞ》に至るまで、大金剛輪を成し、
これより心《むね》に至るまで、まさに水輪を思惟すべし。
水輪の上に火輪あり、火輪の上に風輪あり。

〈大意〉密教行者（真言者）よ、円輪をまず自身の身体に即して考えなさい。
足より臍（実際には肛門《こうもん》のあたり）に至るまでは、大金剛輪（地輪）であり、
これより心臓に至るまでは、まさに水輪であると思いなさい。
水輪の上に火輪があり、火輪の上に風輪がある、と。

【先】「先に」とはマンダラを地面に実際に色粉などによって描く前に、という意味です［栂尾編

別巻第二　一九八四：三四九〕〔酒井　一九八七：二九六〕。

【円壇】ここの「壇」（マンダラ）は三次元のものを意味するわけではなく、二次元的円というほどの意味です。

【臍】〔栂尾編　別巻第二　一九八四：三四九〕では「膀胱《ぼうこう》」とあり、〔酒井　一九八七：二九六〕では「尿道」と訳されています。一般的にヨーガの第一チャクラは臍ではなくて肛門あるいは尾骶骨のあたりに存すると考えられています〔立川　二〇一三：一一八〕。

【大金剛輪】「金剛」とはすでに述べたように、元来はインドラ神の武器としての雷でしたが、インドラ神が仏教に取り入れられ帝釈天となった後、金剛はインドラ神の武器という意味のみではなく、悟り・真理の象徴ともなりました。しかし、ここでの「金剛」は悟りを意味するとは思えません。足から肛門あるいは尾骶骨までに――おそらく坐った行者の身体が想定されているのでしょうが――「金剛輪」を布置します。今の場合、地・水・火・風・空の五要素が布置の基礎にあり、後の空海の説明にも見られるように、第一の金剛輪は「地よりなる金剛輪」であることは明らかです。一行《いちぎょう》の『大日経疏』にも「第一字為地金剛輪」（第一字を地金剛輪となす）とあります（大正蔵　第三九巻　七二八頁中）。

後世のマンダラ集である『完成せるヨーガの環』ではマンダラの基礎部分に円筒形の地界の上に「金剛地」（ヴァジュラ・ブーミ）があると考えられました〔立川編　二〇一五：一〇三〕（本書一八五頁

［図3］）。この『大日経』の場合には「金剛輪」の「金剛」は造形化されたヴァジュラを意味するのではなく、「地」を尊ぶための尊称として用いられていると思われます。

この偈は元来、密教行者がまず「五字厳身《ごんしん》観」（五字の真言を身体の各部分に布置すること）を行った後で、マンダラを描く際の観想法を述べたものです。以下の空海による説明は、これまでの「即身成仏の頌」の説明や「ア・ヴィ・ラ・フーン・カン・フーン」という種子真言のそれと基本的には同じ内容です。

『大日経疏』によれば、金剛輪は黄色で堅く、水輪は白く、火輪は赤く、風輪は黒色です。また金剛輪は四角、水輪は円、火輪は三角、風輪は半月形、最上の虚空は一点であるとあります（大正蔵　第三九巻　七二七頁下）。大正蔵に収められた『大日経疏』（第三九巻　七二七頁下）には上記のかたちを示した図が見られます［図7］。

地輪正方。水輪圓。火輪三角。
上虛空作一點。其種種色。在
置也。④○◡△○□此是輪形。
也。此五位者。卽是前說五字。
中置於嚩字。三角中置於囉

図7　地輪・水輪等のかたち
『大日経疏』（大正蔵　第39巻
727頁下）より

ブッダグヒヤの『大日経広釈』によれば、胸の上に火輪が、胸より眉間の間に風輪が布置されます［酒井　一九八七：二一九六］。

空海は次に『大日経』秘密曼荼羅品から引用した偈を解説します。

いわく、金剛輪とは阿字なり。阿字はすなわち地なり。水火風は文のごとく知んぬべし。円壇とは空なり。真言者とは心大なり。長行《じょうごう》の中にいうところの聖尊とは大身なり。種子とは法身なり。幖幟とは三昧耶身なり。羯磨《かつま》身とは三身に各各にこれを具す。つぶさに説くことは経文に広くこれを説けり。文に臨んで知んぬべし。

またいわく、大日尊ののたまわく、「金剛手、諸《もろもろ》の如来の意より生じて業戯《ごつけ》の行舞《ぎょうぶ》をなすことあり、広く品類《ほんるい》を演《の》べたり。四界を摂持して心王を安住し、虚空に等同なり。広大の見《けん》非《ひ》見《けん》の果を成就し、一切の声聞《しょうもん》・辟支仏《びゃくしぶつ》・諸の菩薩の位を出生す」と。

この文は何の義をか顕現するや。いわく六大能く一切を生ずることを表す。何をもって知ることをうるや。いわく、心王とは識大なり。四界を摂持すとは四大なり。虚空に等しとは空大なり。この六大は能生なり。見・非見とは欲色界無色界なり。下《しも》は文のごとし。すなわちこれ所生《しょしょう》の法なり。

〈大意〉説明しよう。金剛輪とはa（阿）字のことである。a字は地を意味する。水・火・風は偈に述べられているにしたがって理解することができよう。〔最も上に位置する〕「円壇」（円輪）は空の要素を表している。真言者（密教行者）とは心大を意味する。

偈の説明文（長行）にいう聖尊とは大曼荼羅身（大身）であり、種子とは法曼荼羅身（法身）である。幖幟とは三昧耶身のことであり、羯磨《かつま》身は三身（大曼荼羅身、法曼荼羅身、三昧耶身）それぞれに備わっている。詳しい説明は経文に述べてあるので、文を読んでいく際に理解できよう。

また大日如来は〔『大日経』悉地出現品第六（大正蔵　第一八巻　一九頁下）において〕述べられた。「金剛手よ、もろもろの如来の意より生ずるものは、戯れにも譬えられるようなあざやかな行いをなす。その場合、さまざまな種類があることを述べる。四つの世界を摂し保って心を安定させるのは虚空に等しい。見える結果と見えない広大な結果を完成させ、〔ブッダの〕教えを聞いて悟った者（声聞）、独りで悟った者（辟支仏《びゃくしぶつ》、縁覚、独覚）、もろもろの菩薩の位に至った者たちすべてを生むのである」と。

この文はどのようなことを明らかにしているのか。六大に一切を生ずる能力があることを表している。

どのようにして知ることができるのか。説明しよう。「心王」とは識という要素（大）を意味する。「四界を摂持す」とは四要素（地・水・火・風）をまとめて述べている。「虚空に等しい」とは要素空と等しいという意味である。この六要素にはもろもろのものを生む能力がある。「見・非見」とは、煩悩と色形のある世界（欲界）・煩悩はないが色形のある世界（色界）・煩悩もなく色形もない世界（無色界）のことである。これ以後は経文の述べるとおりである。すなわち、これらは生み出されたもの（所生の法）である。

【業戯の行舞】業戯の行舞とは、仏心から諸法がさまざまなかたちを採って現れることです。

【辟支仏】「プラティエーカ・ブッダ」（独りでいるブッダ）は釈迦の教えを直接聴くことなく悟った者のことであり、独覚、縁覚ともいわれます。

かくのごとくの経文はみな六大をもって能生となし、四法身・三世間をもって所生となす。この所生の法は上《かみ》、法身に達し、下、六道におよぶまで、麁《そ》細《さい》隔《へだて》あり、大小差ありといえども、しかれどもなお六大を出でず、ゆえに仏、六大を説いて法界体性《ほつかいたいしよう》となしたもう。もろもろの顕教の中には四大等をもって非情となし、密教にはすなわちこれを説いて如来の三摩耶身となす。四大等心大を離れず、心色異なりといえども、その性すなわち同なり。色すなわち心、心すなわち色、無障無礙《むしようむげ》なり。智すなわち境、境すなわち智、智すなわち理、理すなわち智、無礙自在なり。能所の二生ありといえども、すべて能所を絶せり。法爾《ほうに》の道理に何の造作かあらん。能所等の名はみなこれ密号なり。常途浅略の義を執して種種の戯論《けろん》をなすべからず。

〈大意〉以上のような経文は、六つの要素（六大）を生み出すもの（能生）であると捉え、四種の〔仏〕身および三種の世間を生み出されたもの（所生）と捉えている。この生み出されたものは上《かみ》は法身から、下は六道（地獄・餓鬼・動物・阿修羅・人・天）に及ぶまで、粗大なものや微細なものという違いがあったり、大・小という違いがあったりするが、それでもかの六要素を超えることはない。それゆえ、仏は六要素を法界（真理としての世界）の本質であるといわれた。

もろもろの顕教（非密教）の中には四要素（地・水・火・風）等を物質（非情、生命なきもの）とすることがある。密教ではこれら如来のシンボル（三昧耶）としての身体（三摩耶身）であると説いている。四要素（地・水・火・風）等は心すなわち識という要素（大）を離れたものではない。心と物質（色）は異なるとはいうが、その本質は同じである。色はすなわち心であり、心はすなわち色であり、さわりもなくさまたげもない。智（認識）は対象（境）であり、対象は智であり、智は理であり、理は智であり、さまたげなく互いに自在である。生み出すものと生み出されるものとはいうが、すべて能動・受動（能所）の区別を超えている。あるがままの真如の道理にどうしてそのような相違があろうか。能所等の名称はみなこれ密教における表現にすぎない。世間一般の皮相的な意味にとらわれてさまざまな無益な議論（戯論《けろん》）をすべきではない。

【如来の三摩耶身】「三摩耶《さんまや》」（サマヤ、samaya）とは誓願なども意味しますが、ここではそれぞれの如来を象徴する持物、シンボルのことです。空海のいう密教における如来のイメージは、人間のすがた・かたちを採ることもありますが、一人の人間のイメージを離れて宇宙的（コズミック）なすがたで考えられることがあります。世界が人間（如来）のイメージのもとに考えられることは顕教においてはまずないことです。インド初期仏教においては山、川などの器世間は聖なるものと俗なるものとの区別に無関係ですが、インド大乗仏教になると器世間を含む世界全体が聖なるものとしての宗教価値を有するようになり、さらにインド中期大乗仏教の終わり頃に台頭した密教にあっては器世間を含めた世界全体が聖なるものと見做《みな》されるようになったのです。

かくのごとく六大法界体性《ほっかいたいしょう》所成《しょじょう》の身は、無障無礙にして互相に渉入相応し、常住不変にして同じく実際に住せり。ゆえに頌に「六大無礙にして常に瑜伽なり」という。無礙とは渉入自在の義なり。常とは不動、不壊等の義なり。瑜伽とは翻じて相応という。相応渉入はすなわちこれ即の義なり。

〈大意〉以上のような六要素に他ならぬ法界の体性より成る〔仏およびわれわれの〕身は、さわりもなくさまたげもなく、互いに交渉し相応し、常住不変にして同じ状態を保ちながら真実の境地にある。それゆえ〔即身成仏の〕頌に「六大無礙にして常に瑜伽なり」と述べたのである。「無礙」とは〔六要素が〕自由自在に交わるという意味であり、「常」とは不動、不壊等のことである。「瑜伽」とは〔サンスクリットのヨーガという語を〕翻訳して「相応」と理解している。相応し交じりあうことが〔即身成仏の〕「即」の意味である。

【六大法界体性所成】「界」（ダートゥ、dhātu）には本質という意味と集合（クラス、グループ）という意味があります。したがって、「法界」とはもろもろのもの（法）が有する本質（界）とも解釈できますが、もろもろのもの（法）という集合（界）とも理解できます。もっとも諸法が有する本質（界）と解釈された場合でも仏教においては基体としてのものとその本質とは実在論におけるようには区別されません。「界」がものの本質と理解された場合でも結局はもろもろのもの（法）という集合つまり世界と同じ意味となります。

「六大法界体性所成」とは、六要素（六大）に他ならない諸法の世界（法界）の本体（体）と性質（性）によってできていること（所成）を意味します。「体性」という語をここでは「本体（体）と性質（性）」と訳しましたが、「性」が常に本体（実体）と区別された性質を意味するわけではありません。

　例えば、唯識思想における重要な実践課程に三性説《さんしょうせつ》と呼ばれる考え方があります。われわれは認識対象のイメージを表象していますが、このイメージはたとえそれが世間的に正しいものであっても唯識派のヨーガにあっては「分別された虚妄なもの」（分別性《ふんべつしょう》）と呼ばれます。認識は対象を捉えているという意味で、他のものに依存するもの（依《え》他性《たしょう》）と呼ばれます。唯識派のヨーガの目指すことは、認識（依他性）における対象のイメージ（分別性）をなくした智（真実性《しんじつしょう》）に至ることです。対象のイメージの有しない智のみの状態が唯識の求める境地なのです。この三性説において「性」（スヴァバーヴァ）はものおよび性質（こと）とのいずれの意味でも用いられています。

ここで空海のいう「身」（身体）はひとり如来の身体を指しているのではなく、われわれ衆生の身体をも意味しています。われわれの身体も「法界の体性」つまりもろもろのものよりできているからです。

『即身成仏義』第一頌第二句　世界とマンダラ

「四種の曼荼羅は各離れず」

「即身成仏の頌」の第一句の解説が終わったので、次に空海は第二句「四種の曼荼羅は各離れず」の解説に入ります。

第一句では世界の「体」が六要素によって説明されましたが、第二句では世界の「相」が説明されていきます。『即身成仏義』にあって「体」としての六要素は世界の素材であり、「相」としてのもろもろのマンダラはかの素材をミックスしてできた製品に譬えることは一応可能です。その場合、できあがった製品の中でそれぞれの具材の違いが識別できない状態にあることが肝心です。すでに述べたように、空海にあって「体」と「相」の関係はインド型実在論における実体と属性のそれとは異質なのです。

なぜ、世界がマンダラなのでしょうか。世界全体あるいは世界におけるさまざまなものを聖化されたものとして示すためであったと思われます。『阿弥陀経』においてマンダラは説かれていませんが、世界としての浄土が説かれています。ちなみに、日本では浄土曼荼羅といわれますが、インド、ネパール、チベットにおいては浄土の様子を描いた浄土変相図はマンダラとは呼ばれません。

注意すべきことは、かの六大でできた「製品」は世界（あるいはその部分）のすがたを示すとともに仏あるいは衆生の身体をも示していると考えられたことです。世界は如来の身体なのです。そもそも『即身成仏義』のテーマは修行者つまり衆生が今生において、今の生身のままに仏となることを目指していますから、身体に焦点が当たることは当然のことではあります。

四種曼荼羅各々離れずとは、『大日経』に説かく、「一切如来に三種の秘密身あり。いわく字・印・形像なり」と。字とは法曼荼羅なり。印とはいわく種々の幖幟《ひょうじ》すなわち三昧耶曼荼羅なり。形とは相好具《そうごうぐ》足《そく》の身すなわち大曼荼羅なり。この三種の身に各々威儀事業《いぎじこう》を具す。これを羯磨《かつま》曼荼羅と名づく。これ四種曼荼羅なり。

〈大意〉〈即身成仏偈の第二句である〉「四種曼荼羅各々離れず」を説明するにあたってまず『大日経』説本尊三昧品二八（大正蔵　第一八巻　四四頁上）にある次の文を引用しよう。「すべての如来には秘密の『身』がある。それはすなわち文字と印（相）と形像である」。「文字」とは種子が並ぶマンダラ（法曼荼羅）である。印とは種々の象徴（幖幟）が並ぶマンダラ（三昧耶曼荼羅）である。「形」（形像）とはすがた・かたちを備えている身体が並ぶマンダラ（大曼荼羅）である。この三種類の身体にそれぞれ威儀や行為が備わっているのを「羯磨曼荼羅」と名づけている。これらが「四種の曼荼羅」である。

【四種曼荼羅】四種曼荼羅については「即身成仏の頌」の総括的説明の項を参照されたい（二〇二頁）。

【大日経】ここで空海が引用する『大日経』の文章には「四種曼荼羅」という語は用いられてはいません。「四種曼荼羅」は『大日経』成立以後の広義の金剛頂経において見られます（二四九頁）。

【三種の秘密身】空海の『即身成仏義』にあっては「一切如来に三種の秘密身あり」（［松長 二〇一九：一一五］参照）とありますが、大正大蔵経に収められている『大日経』では「諸々の尊は三種の身を有す」（第一八巻　四四頁上）とあります。意味はほとんど同じです。ちなみに『大日経疏』では「諸尊有三種形」（諸尊には三種の形あり）とあります（大正蔵　第三九巻　七八三頁上）。

【羯磨曼荼羅】「羯磨曼荼羅」という語は多義的です。ここでは種子が並ぶ法マンダラ・象徴が並ぶ三昧耶マンダラ・人間のすがたの仏が描かれる大曼荼羅という三種類の身体にそれぞれ威儀や行為が備わっているマンダラを意味します。この意味での羯磨曼荼羅は「通三《つうさん》羯磨」（三マンダラに共通して見られるマンダラ）と呼ばれます。銅像や塑像を並べたいわゆる立体マンダラを意味することもありますが、その場合には「別体《べったい》羯磨」と呼ばれています。

四種曼荼羅

これまでの空海は『大日経』に従ってマンダラの説明をしてきたのですが、この後、四種曼荼羅の説明に関しては広義の「金剛頂経」に依っています。

もし『金剛頂経』の説によらば、四種曼荼羅とは、一には大曼荼羅、いわく一一の仏菩薩の相好の身なり。またその形像を綵画するを大曼荼羅と名づく。また五相をもって本尊の瑜伽を成ずるなり。また大智印と名づく。二には三昧耶曼荼羅、すなわち所持の幖幟、刀剣、輪宝、金剛、蓮華等の類これなり。もしその像を画するまたこれなり。また二手をもって和合し、金剛縛《こんごうばく》より発生して印を成ずるこれなり。また三昧耶智印と名づく。三には法曼荼羅、本尊の種子真言なり。もしその種子の字を各々の本位に書く、これなり。また法身の三摩地および一切の契経《けいきょう》の文義等みなこれなり。また法智印と名づく。四には羯磨《かつま》曼荼羅、すなわち諸仏菩薩等の種々の威儀事業、もしは鋳、もしは捏《ねつ》等またこれなり。また羯磨智印と名づく。

〈大意〉〈広義の〉「金剛頂経」〈に属する『般若理趣釈』（大正蔵　第一九巻　六〇九頁中、八世紀初頭成立）さらには八世紀中葉の成立と考えられる真言集『都部陀羅尼目《とぶだらにもく》』（大正蔵　第一八巻　八九八頁下）など〉によるならば、四種の曼荼羅は次のようである。

第一は「大曼荼羅」である。これはおのおの仏・菩薩のすがた・かたちを備えた「身」（身体）である。またその形像を描いたものを「大曼荼羅」と呼ぶ。さらに五段階の観法（五相）によって本尊〔である大日如来〕のヨーガを完成させる〔本尊をその身に体現する〕のである。また〔これらを〕大いなる〔仏の〕智慧の印とも呼ぶ。

第二は「サマヤ曼荼羅」である。これは、〔諸尊が〕手に持つ幖幟（シンボル）のことであり、刀剣、輪宝、金剛、蓮華などの類である。それらの像を描いたものがあればそれらも〔三昧耶曼荼羅〕である。また両手を合わせて、〔根本の印相である〕金剛縛をまず結び、それに基づいたさまざまな印相を結ぶのも〔三昧耶曼荼羅〕である。〔これらは〕サマヤ智印とも呼ばれる。

第三は「法曼荼羅」であり、本尊を表す一音節字（種子）と〔複数の文字から成る〕真言のことである。その種子の文字が〔マンダラの中の〕それぞれの定められた位置に描かれたならば、それは「法曼荼羅」である。また法身の悟りの境地（サマーディ）およびあらゆる経典に述べられた文書や意味のすべては「法曼荼羅」である。〔これらは〕法智印とも呼ばれる。

第四は「行為のマンダラ」（羯磨曼荼羅）である。すなわち、もろもろの仏・菩薩等のさまざまな在り方や働き、具体的には鋳造した像や〔土を〕捏《こ》ねて作られた像（塑像）である。また〔この第四のマンダラは〕行為（羯磨、カルマン）として表現された仏の智慧のしるし（羯磨智印）とも呼ばれる。

【金剛頂経】空海が『即身成仏義』において述べるような四種曼荼羅は『初会金剛頂経』のサンスクリット・テキストには述べられておらず、空海のいう意味での四種曼荼羅は広義の金剛頂経系経典に属する『般若理趣釈』（不空訳）を俟《ま》たねばなりませんでした［頼富　二〇〇四：七六～七七］。

十八種類の経典の概説である『金剛頂経瑜伽十八会指帰《じゅうはってしいき》』（大正蔵　第一八巻　二八五頁中、不空訳）では第二マンダラはもろもろの音声や歌舞としての「秘密曼荼羅」であると述べられています。これは狭義の「金剛頂経」の伝統を伝えているのです。

【四種曼荼羅】第一の「大マンダラ」といわれるものは、（1）諸尊の身体、（2）諸尊の身体の描かれたマンダラ図です。これらは「行者が体験を具体的に表現したものであり」［松長　二〇一九：一一二］大智印と呼ばれます。大マンダラを大智印と呼ぶとも考えられます［即身成仏義鈔：八丁右］。仏・菩薩の身体がマンダラと呼ばれていることに注意すべきです。

第二の「サマヤ・マンダラ」といわれているものは、（1）シンボル、（2）シンボルの描かれたマンダラ図、（3）金剛縛を基本として作られるさまざまな印相の三です。これらは行者が自分たちの体験を象徴的に表現したものであるからサマヤ智印とも呼ばれます［松長　二〇一九：一一二］。第一の「大マンダラ」の場合と同様、第二の「サマヤ・マンダラ」をサマヤ智印と呼ぶとも考えられます。シンボルの描かれた図がマンダラと呼ばれているのみではなく、シンボル自体もまたマンダラと呼ばれるのです。

第三の「法マンダラ」といわれているものは、(1)仏などを象徴する一音節字(種子)や真言、(2)種子や真言が描かれた図、(3)経典の文やその意味です。これらは仏の智慧を表したものですから、法智印とも呼ばれます。以前と同様、「法マンダラ」は法智印とも呼ばれます。

第四の「活動マンダラ」といわれているものは、(1)仏や菩薩のたたずまいや行い、(2)仏や菩薩の立体的像であります。これらは、行者が体験した仏の行為の表現であり、羯磨智印(行為に関する智の印相)と呼ばれることもあります。

【五相】 狭義の「金剛頂経」である『初会金剛頂経』(大正蔵 第一八巻 第八六五番、三巻教王経)に説かれる悟りを求める五段階にわたる観想法を意味します。この観想法は金剛界マンダラの本尊である大日如来をその身に体得する行法であり、一般には「五相成身観《ごそうじょうしんがん》」と呼ばれています。『初会金剛頂経』では、修行を始めたばかりの初心者である大日すなわち一切義成就《いっさいぎじょうじゅ》菩薩が、すでに悟りを得ていた「一切如来」(具体的には金剛界マンダラにおいて大日を囲む四仏:阿閦、宝生、阿弥陀および不空)に導かれて如来となる五段階のプロセス(五相)が述べられています。

その五段階とは以下のようです。

(一) 通達《つうだつ》菩提心。この段階では「オーム、わたしは心〔の根底〕に通達します」(oṃ citta-prativedhaṃ karomi)という真言を好きなだけ称えます。

(二) 修《しゅ》菩提心。「オーム。わたしは菩提心(悟りへの発心)を起こします」(oṃ bodhicittam utpādayāmi)という真言を称えます。

（三）成《じょう》金剛心。「オーム。立て。金剛よ」（oṃ tiṣṭha vajra）という真言を称えながら、一切義成就菩薩すなわち修行者は自らの心臓の月輪に金剛を思います。

（四）証《しょう》金剛身。「オーム。わたしの本性は金剛です」（oṃ vajrātmako 'ham）という真言を称えると世界のすべての金剛が一切如来の力によって一切義成就菩薩の中に入ります。このようにして一切義成就菩薩は「汝は金剛界に他ならない」といわれるのです。

（五）仏身円満。「オーム。一切如来たちがあるようにわたしもそのように」（oṃ yathā sarvatathāgatās tathā 'ham）という真言を称え、一切義成就菩薩すなわち行者は悟りに至った如来たちと等しくなるのです。

【輪宝】元来はヴィシュヌ神の武器チャクラ（cakra）のことです。円輪の外側は刃となっており、敵に投げつけ、敵を負かし、また戻ってくるといわれます。ようするに円形ブーメランです。

【金剛縛】おのおのの右指を左指の上に交叉《こうさ》し、十指を外に出して握る印相をいいます。

初心者だった一切義成就菩薩はやがて一切如来つまり阿弥陀仏たちと同じ如来となり、さらにかの一切如来たちを自らに収めるような大如来となるのです。この物語はシャカ族のゴータマの密教的ヴァージョンと考えられます。ゴータマ・ブッダは紀元二世紀頃からは「シッダ・アルタ」（目的（義）の成就した者）の名でも呼ばれるようになりました。

かくのごときの四種の曼荼羅、四種の智印その数無量なり。一一の量虚空に同じ。かれはこれを離れず、これはかれを離れず。なお空・光の無礙にして逆《さから》えざるがごとし。ゆえに「四種曼荼各々離れず」という。離れずとはすなわちこれ即《そく》の義なり。

〈大意〉以上述べたような四種の曼荼羅や四種の智印はその数がはかり知れない。それぞれの大きさは虚空と同じである。おのおののマンダラは互いに離れることはない。ちょうど空間と光とがさえぎるものなくさまたげることのないように。それゆえ〔即身成仏の頌に〕「四種の曼荼は各々離れず」という。「離れず」とは「即」を意味する。

「四曼が不離である」とは、まず（一）四マンダラそれぞれが不離なのですから人間とモノと一体であるという意味となります。人間とモノ（器世間）とが同じ次元で考えられているのです。さらに（二）衆生の四マンダラと仏の四マンダラとが不離であるという意味ともなります。また『四曼義』（三丁右・左）では有情（生物）と非情（無生物）との両方を覆うので「平等曼荼羅」ともいうと述べられています。

『即身成仏義』第一頌第三、四句　仏と衆生

六要素と成仏

即身成仏の第一頌の第三句「三密加持すれば速疾に顕《あら》わる」が説明されます。六要素という体がマンダラという相を採るのですが、これは体と相との相互の働き（用）の結果です。その働きとは行者の心身という場において見られます。行者が肉体つまり身体を有したまま、悟りを得ること、すなわち成仏することが求められているからです。

「三密加持すれば速疾に顕わる」とは、いわく、三密とは一には身密、二には語密、三には心密なり。法仏の三密は甚深微細にして等覚も十地《じゆうじ》も見聞すること能《あた》わず、ゆえに密という。一一の尊等しく刹塵《せつじん》の三密を具して互相に加入し、彼此《ひし》摂持せり。衆生の三密もまたまたかくのごとし。ゆえに三密加持と名づく。もし真言行人あってこの義を観察して、手に印契《いんげい》を作《な》し、口に真言を誦《そらん》じ、心が三摩地《さんまじ》に住すれば、三密相応して加持するがゆえに、早く大悉《しつ》地《じ》を得。（後略）

〈大意〉「三密加持すれば速疾に顕わる」（〔仏と衆生の身・口・意という〕三種の働きの相互呼応によって〔成仏が〕速やかに達成される）〔という頌の第三句〕を説明しよう。

「三種の働き」（三密）とは第一には身体、第二には言葉、第三には心の不思議な働きをいう。真理（法）〔の体現者として〕の仏の三種の働きは奥深く微妙であり〔仏の悟りと〕等しい悟りを有する者や〔仏になるための〕十の修行段階（十地）において修行している者さえ見たり聞いたりすることもできない。それゆえ、「不思議なもの」（密）というのである。それぞれのほとけはいずれも等しく無数の「三種の不思議な働き」を備えており、互いに入り交じり、あれこれと支え合っている。衆生たちの「三種の不思議な働き」もまた同様である。それゆえ「三種の不思議な働きの相互作用」（三密加持）と名づける。

ある真言行者が〔以上に述べた〕意味を吟味して、手に印契を結び、口には真言を称え、精神集中（サマーディ）に留まるならば、「三種の不思議な働き」（三密）が相応して互いに力を与え合う（加持する）ゆえに、すみやかに悟りの完成（悉地）を得るのである。（後略）

【法仏】二〇九頁参照。

【十地】菩薩が仏となるまでには五十二段階を経なければならないといわれていますが、その中の第四一位から第五〇位までが十地と呼ばれています。

【刹塵】国土（クシェートラ、刹）を破壊してできた塵。数の多いことの譬《たと》えに用いられます。

【加持】二〇四頁参照。

【印契】手、指の仕草であり、仏や仏の働きのシンボルとなります。印（ムドラー）、印相ともいいます。

【三摩地】サマーディ（samādhi、三摩地、三昧）とは、心を対象に置くことを意味します。ヨーガの行法にあっては、まず精神集中の対象を定めます（止）。定められた対象に心をどこまでも「入れ込んで」いきます。この段階を「観」といいますが、この観の段階が進むと、心は「対象ばかり」となります。この段階を「サマーディ」と呼びます。もっとも観想の進んだ諸段階をまとめてサマーディと呼ぶこともあります。

【大悉地】「悉地」（シッディ、siddhi）とは完成、成就のことです。超能力獲得の意味にも用いられますが、ここでは密教修行の完成、成仏を意味します。

この後『金輪時処儀軌《きんりんじしょぎき》』の三種の真言（大正蔵　第一九巻　三二二頁下）と『観智儀軌《かんちぎき》』における法身真如観（大正蔵　第一九巻　六〇二頁上）が続きますが、煩を恐れてここでは考察を省略します。次に空海は『五秘密儀軌』（大正蔵　第二〇巻　五三五頁中）を挙げますが、この場合も引用文の前半のみを読むことにします。修行者が師から戒を授かり、「自らが仏に他ならない」という自覚を持つために灌頂《かんじょう》を受けなければならないのですが、その灌頂のプロセスが『五秘密儀軌』に述べられています。

またいわく、「もし毘盧遮那《びるしやな》仏の自受用身《じじゆゆうしん》所説の内証自覚証智《じかくしようち》の法、および大普賢金剛薩埵《だいふげんこんごうさつた》の他受用身の智によらば、現生《げんしよう》において曼荼羅の阿闍梨《あじやり》に遇逢《あ》い、曼荼羅に入ることを得。いわく、羯磨《こんま》を具足し、普賢三摩地をもって金剛薩埵を引入してその身中に入る。加持の威徳力によるが故に、須臾《しゆゆ》の頃においてまさに無量の三昧耶、無量の陀羅尼《だらに》門を証すべし。不思議の法をもってよく弟子の倶生の我執の種子を変易《へんにやく》す。時に応じて身中に一大阿僧祇劫《あそうぎこう》の所集の福徳と智慧を集得す。すなわち仏家に生在すとなす。（後略）」

〈大意〉また〔『五秘密儀軌』（『金剛頂瑜伽《ゆが》金剛薩埵五秘密修行念誦儀軌《ねんじゆぎき》』、大正蔵　第二〇巻　五三五頁中・下）〕にいう。

「ヴァイローチャナ（毘盧遮那）仏が自らの悟りを享受する仏身として説かれた内面の悟

り、すなわち自ら悟った智慧の智に関する教え、および偉大なるあらゆる面で善いヴァジュラサットヴァ〔金剛薩埵〕菩薩の「他者に悟りを享受させる身体」〔他受用身〕の智によるならば、現生においてマンダラの師〔灌頂を授ける師〕に出会い、マンダラに入ること〔灌頂を受けること〕ができる。

すなわち、〔師は〕作法によく通じており、〔慈悲にあふれた〕精神集中をもって金剛薩埵〔つまり真言行者〕を引き入れてそ〔の弟子〕の身中に入れる。「互いに力を与え合うこと」〔加持〕の勝れた力によるがゆえに、たちまちにまさに無量の誓願〔三昧耶〕、無量の陀羅尼門を証することができる。不思議の法によって弟子の生まれつきの我執を取り除くことができるのである。時に応じて、弟子の身中に途方もない時間をかけて集められた福徳と智慧とを収める。このようにして弟子は仏の世界に生まれ変わる」。

【毘盧遮那】『華厳経』の教主は毘盧遮那仏であり、奈良の東大寺の大仏は毘盧遮那仏のすがたを表しています。一方、『大日経』などの密教経典におけるヴァイローチャナも毘盧遮那と呼ばれることもありますが、一般的には「大日」と訳されます。これらの二人の仏は無関係ではありませんが、一応別のほとけと考えられます。

毘盧遮那とは、サンスクリットでは「ヴァイローチャナ」Vairocanaですが、この名称は動詞vi-√rucから作られた名詞であり、太陽のようにあらゆる方向に（vi-）輝くもの（rocana）を意味します。動詞√ruc は輝く、光るを意味し、電球などの照度の単位「ルックス」(lux)などと関係があると考えられています。

【自受用身】【他受用身】二二六頁参照。

【大普賢】「『金剛頂経』系の経典では大日如来を修飾する形容詞として用いられることが多い」[頼富 二〇〇四:九三]。「普賢」(サマンタ・バドラ)とは文字通りには、あらゆる面で善い、有効であるという意味です。

【羯磨】「羯磨」(カルマン)は行為のことですが、ここでは戒を受けるとき、戒を保つことを誓う際に必要な作法を指します。

【普賢三摩地】「教義的には、大悲大慈と結びつき、完全なる慈悲の境地を意味する」と指摘されています[頼富 二〇〇四:九三]。この箇所では弟子たちに対する慈悲が必要であると述べられているのです。

【金剛薩埵】金剛薩埵(ヴァジュラ・サットヴァ、Vajrasattva)とは、観音や文殊とは異なった種類の菩薩であり、密教において現れました。金剛薩埵菩薩は金剛界の五仏を統括する仏とも考えられ、第六の仏とも呼ばれます。また後期の密教における感想法において金剛薩埵は行者と観想の対象としての仏との仲介者ともなります。例えば、後期密教において重要な仏である呼金剛尊《こんごう》（ヘーヴァジュラ）が観想される場合、一面二臂のすがたを採った、つまり通常の人間のすがたに近い金剛薩埵がまず現れます。修行者自身、はじめは金剛薩埵となり、その後で多くの臂《ひじ》を有する呼金剛尊となるのです［立川　二〇一五：五六三］。

今の場合も、師がまず金剛薩埵を呼んで、師の前に現れた実在とも思われるような金剛薩埵のイメージを弟子に移します。このように師の力を借りて弟子は仏あるいは菩薩を自分の中に受け入れることを学ぶのです。この場合、師と弟子との間の距離は「気」の移行が可能な距離、すなわち一、二メートル程度と思われます（カトマンドゥ、台湾、日本で観察できた神降ろしや憑依《ひょうい》のケースからの推定）。師によって金剛薩埵が弟子の心身に引き入れられることにより、金剛薩埵は弟子が究極の悟りを得るための橋渡しとなるのです。

【三昧耶】『大日経疏』巻九によればこの箇所の「三昧耶」（samaya）には四つの意味（平等、本誓、除障、驚覚《きょうがく》）があります。（一）如来が三昧に入ったときには一切衆生の身・口・意（三密）は如来の身・口・意と等しく差別がありません（平等）。（二）仏は一切衆生をして悟りに至らしめようという誓いをたてます（本誓）。（三）もしも衆生に障害があればそれを如来は取り除きます（除障）。（四）無明の闇に眠っている衆生を如来は衆生を驚かして目覚めさせるのです（驚覚）（大正蔵　第三九巻　六七四頁下、国訳一切経　経疏部一四　三〇三～三〇四頁）。

アプテの『梵英辞典』（臨川書店復刻版、一六八〇頁）［Apte 1978：1680］には samaya の意味が十九挙げられていますが、その中に「平等」の意味は見られません。『即身成仏義』の中で述べられる真言の中の「サマヤ」を空海は「平等」の意味に採っていますが（二六六頁～）。「サマヤ」とはsam（共に、完全に）に「行く」を意味する動詞√iから派生した語幹ayaが付いた形です。この語に哲学的解釈が加えられて仏の智慧と合一した境地をも指します［中村　二〇〇一：六〇七］。この解釈には、今問題となっている「平等」という意味と近いものがあります。

【陀羅尼門】陀羅尼（ダーラニー）は真言（マントラ）とほとんど同じ意味です。ここで陀羅尼門とはダーラニーを繰り返して称える行法を指します。

次に空海は再び『五秘密儀軌』から引用します。

またいわく、「三密の金剛を以て増上縁《ぞうじょうえん》となしてよく毘盧遮那三身の果位を証す」と。かくのごときの経等はみなこの速疾力不思議神通の三摩地の法を説く。もし人ありて法則を闕《か》かずして昼夜に精進すれば、現身に五神通《じんつう》を獲得す。漸次に修練すればこの身を捨てずして進んで仏位に入る。つぶさには経に説くがごとし。

〈大意〉また『五秘密儀軌』（大正蔵　第二〇巻　五三九頁上）にいう。「（真理そのものである）金剛のような三密（身体・言語・思考）を間接的な縁（増上縁）としてヴァイローチャナ仏（毘盧遮那）の三種の仏身の〔悟りという〕結果を体得する」と。
以上に述べたような経文はすべてすみやかに不思議力が奇跡的に働く精神集中（サマーディ）の法を説いている。或る修行者が法則を間違えずに昼夜に精進するならば、この現身のままで五つの超能力（神通）を獲得することができる。順序を踏んで修練するならばこの現世の身を捨てることなく〔段階を〕踏み進んで仏の位に入るのである。詳しくは経に説かれている通りである。

【増上縁】　例えば、自分の庭の梅の花が咲いた日に富士山に大雪が降ったとします。かの大雪は梅の花の開花にとっての障害とはならなかったという意味で間接的な原因と考えられます。このように直接の関係ではないのですが、障害にはならなかったという意味の間接的因を増上縁といいます。
【三身】　法身・報身・化身という三種を指すのか、自性身《じしょうしん》・受用身・変化身の三種を指すのかについて異説があります〔頼富　二〇〇四：九四〕。あるいはまた、字（語密）、印（意密）および形（身密）の三密身と解釈されることもあります〔勝又　一九六八：五五〕。
【五神通】　天眼通、天耳通、他心通、神境通、宿妙通の五つの超能力をいいます。修行の結果、得られると考えられています。

ここで空海は「即身成仏の第一頌」の第三句の説明を締めくくります。

この義によるがゆえに「三密加持すれば速疾に顕わる」という。加持とは、如来の大悲と衆生の信心とを表す。仏日の影衆生の心水に現ずるを加といい、行者の心水よく仏日を感ずるを持と名づく。行者、もしよくこの理趣を観念すれば、三密相応するがゆえに、現身に速疾《しつ》に本有《ほんぬ》の三身を顕現し証得す。故に「速疾に顕わる」と名づく。常の即時即日のごとく、即身の義もまたかくのごとし。

〈大意〉このような意味で〔即身成仏の第一頌第三句に〕「三密加持すれば速疾に顕わる」すなわち「〔仏と衆生の身・口・意という〕三種の働きの相互呼応によって〔成仏が〕速やかに達成される」という。「加持」とは、如来の大悲と衆生の信心〔の呼応〕とを表している。仏の日光のようなすがたが衆生の心の水面にに現れるのを「加」と呼び、行者の心の水面がよく仏の日光を感ずることのできることを「持」と名づけている。行者がもしもよくこのことわりを観ずるならば、〔身・口・意という〕三密は互いに呼応するゆえに、この現世の身体に速やかに本来の本有の三身を現し体得することができる。それゆえ「速やかに〔悟りの世界が〕顕わになる」と述べたのである。日常において「即時」とか「即日」というように、「即身」の意味もまた同じである。

【加持】加持とは伝統的には聖性のより強い方（仏）から低い方（衆生）への力の付与をいうのですが（二〇四頁）、空海は仏から衆生へ大悲と衆生から仏への信心という相互の力の交わりであると考えます。如来と衆生は本来一体であるという立場を採る空海であってみれば、加持をこのような相互の呼応関係において理解することは当然の理論的帰結ではあります。もっとも如来から衆生への方向の力と衆生から如来への方向の力は同じ強さではありません。

【本有の三身】本来備わっている三身。自性身・受用身・変化身を指します。

空海はここで即身成仏の第一頌の説明を締めくくります。

「重重帝網なるを即身と名づく」とは、これすなわち譬喩《ひゆ》を挙げてもって諸尊の刹塵の三密、円融無礙なることを明す。帝網とは因陀羅珠網《いんだらしゅもう》なり。いわく、身とは我身・仏身・衆生身これを身と名づく。また四種の身あり、いわく、自性・受用・変化・等流《とうる》これを名づけて身という。また三種あり、字・印・形これなり。かくのごとく等の身は縦横重重にして鏡中の影像と燈光との渉入するがごとし。かの身すなわちこれこの身、この身すなわちこれかの身、仏身すなわちこれ衆生身、衆生身すなわちこれ仏身なり。不同にして同なり。

不異にして異なり。

〈大意〉〔即身成仏の第一頌第四句〕「重重帝網なるを即身と名づく」〔帝釈天宮の珠網のように〔身・口・意が〕互いに映し合うのを「身に即して」という〕の意味を説明しよう。この句は譬えをもって、諸仏の国を砕いて塵にしたほどの数の〔身・口・意という〕三密が溶け合い障りのないことを明らかにしている。「帝網」とはインドラ神の〔宮殿にある〕宝石をちりばめた網のことである。〔それぞれの宝石が互いに映し合っているといわれている。それと同じように、以下のもろもろの身体も互いを映し合っている〕。

「身」について説明しよう。

（一）「自分の身体」（我身）と「仏の身体」（仏身）と「衆生の身体」（衆生身）を「身」と名づける。

（二）また四種の身がある。すなわち、自性身（悟りそのものとしての仏身）・受用身（自らの悟りの境地を享受するとともに、他人にも享受せしめる仏身）・変化身（人々を救うためにすがたを変えた仏身）・等流身（救われる者と同じすがたの仏身）であるが、これらを「身」と呼ぶこともある。

（三）また三種の身体もある。それらは文字・印相・形像〔それぞれのすがたを採る身体〕である。

以上に述べたような身体が縦横に重なり合っているのは、譬えるならば多くの鏡を向かい合わせに置くと鏡の中の影像が重なり合うようなものであり、また多くの燈光を並べるならば互いに照らし合って個別の燈光が区別できない様に譬えることができる。かの身体はすなわちこの身体であり、この身体はかの身体なのである。仏の身体は衆生の身体であり、衆生の身体は仏の身体である。このように〔仏の身体と衆生の身体は〕不同にして同一であり、不異にして異である。

【刹塵】二〇七頁参照。
【因陀羅珠網】二〇五頁参照。
【四種の身】二二六頁参照。

この第四句は、如来の身・口（語）・意と修行者の身・口・意とが相即していることを強調します。またそれが空海のいう「即身成仏」の意味であったのです。次にその相即を仏・法・僧（教団）という三、身・口・意という三、さらには、自心・仏心・衆生心という三が平等であることを「三等無礙《さんとうむげ》」（三つが平等でありさまたげのないこと）の真言を引用しながら強調します。

ゆえに三等無礙の真言にいわく、「あさんめい　ちりさんめい　さんまえい　そわか」初の句義をば無等といい、次をば三等といい、後の句をば三平等という。仏法僧これ三なり。身語意また三なり。心仏および衆生三なり。かくのごとくの三法は平等平等にして一なり。一にして無量なり。無量にして一なり。しかもついに雑乱せず。ゆえに「重々帝網なるを即身と名づく」という。

〈大意〉ゆえに「三つのものに妨げのないこと」（三等無礙）の真言は（サンスクリットでは）「アサメー　トリサメー　サマイェー　スヴァーハー」（asame trisame samaye svāhā）（『大日経』巻二、具縁品　巻四、密印品第九（大正蔵　第一八巻　一二頁下：二四頁中））である。

かの真言の最初の語（句、アサメー）は「等しいものがない」を意味し、次の語（トリサメー）の意味は「三つのものが等しく」ということであり、第三の語（サマイェー）は「三つのものの平等」ということである。仏・法・僧はここにいう三つのものの一例である。身・口・意もまた「三つのもの」と考えることができよう。心と仏と衆生も「三つのもの」である。以上のような三つのものはまったく平等であって一つのものである。一にして無量であり、無量にして一である。それでいて最終的に混乱することもない。それゆえ〔即身成仏の頌に〕「帝釈天宮の珠網のように〔身・口・意が〕互いに映し合うのを身に即してという」と述べた。

【三等無礙の真言】この真言のサンスクリットは「アサメー　トリサメー　サマイェー　スヴァーハー」（asame trisame samaye svāhā）であり、「何ものにも平等（サマ）でなく、三つが平等（サマ）である女神サマヤー（誓願）よ」を意味します。

「サマイェー」（samaye）は「サマヤー」（samayā）の呼び掛けのかたち（呼格）です。「サマヤ」（三昧耶、誓願など）は男性名詞ですが、ここでは三昧耶が女神化されて女性名詞「サマヤー」となっています。重要な儀礼などを行う場所を結界（聖化）する際に「オーン、シャンカレー　マハーサマヤン　スヴァーハー」（oṃ śaṃkale mahā-samayaṃ svāhā、オーン、鎖よ、大サマヤを　スヴァーハー）という真言が用いられますが〔八田　一九八五：一八九〕、この真言の場合も「シャンカレー」（鎖）は元来男性名詞であった「シャンカラ」が女性名詞として用いられています。

「アサメー」（asame）は「それと等しいもの」（サマ）が「ないもの」（ア）すなわち「無比」という意味で、「サマイェー」を形容する語として用いられており、性・数は「サマイェー」に一致しています。「トリサメー」は「そこ（サマヤー）にあっては、三つのもの（トリ）が等しいもの（サマー）」という意味であり、やはり「サマイェー」を形容しています。この真言は無比であり、かつ三つのものの平等を意味する誓願を女神（サマヤー）と見做し、それに呼び掛けて「サマイェー」と呼んでいるのです。

「トリ・サメー」(trisame)とは「三つのものと等しい」とも読めますが、内容から考えるならば「三つのものが互いに平等である(誓願、サマヤー)」という意味の所有複合語と考えるべきでしょう。「ア・サメー」(無比の)に続く語として「トリ・サメー」というように「三つに等しい」と聞こえるような語を選んでいます。「サマ」という語を重ねることによって真言の響きを効果的にしているのです。

空海は「サマイェー」を平等の意味に採っています。また「スヴァーハー」の意味に関しては、さまざまな解釈がありますが、おそらくは意味はなく掛け声と思われます。

この真言は『大日経』巻四、密因品において「一切如来が三昧耶に入り、遍一切に偏在して、障害をなくすることのできる力を有する比類なき三昧の力の真言(明妃)」(一切如来入三昧耶、遍一切、無能障礙力、無等三昧力明妃)(大正蔵 第一八巻 二四頁中)として現れます。また同じ真言が『大日経』巻二、具縁品にも述べられています(大正蔵 第一八巻 一二頁下)[松長 二〇一九:一六〇][宮坂他 二〇一五:二三二]。またこの真言は一般に入仏三昧耶の真言として知られていますが、そのほかさまざまに儀礼に用いられます。詳しくは[八田 一九八五:一七]参照。

『即身成仏義』第二頌　成仏

以下、空海による即身成仏義の第二頌の説明は、第一頌のそれに比べて簡略です。まず第一句が説明されます。

ありのままの真理

「法然に薩般若《さはんにや》を具足して」とは、『大日経』にいわく、「我れは一切の本初《ほんじょ》なり。号して世《せ》所依《しよえ》と名づく。諸法等、比なく、本寂《ほんじやく》にして上あることなし」と。

いわく、我とは大日尊の自称なり。一切とは無数を挙ぐ。本初とは本来法然にかくのごとくの大自在の一切法を証得するの本祖なり。如来の法身と衆生の本性とは同じくこの本来寂静《じやくじよう》の理《ことわり》を得たり。しかれども衆生は覚せず知せず。ゆえに仏、この理趣を説いて衆生を覚悟せしめたもう。

またいわく、「もろもろの因果を楽欲するもの、かの愚夫《ぐふ》のよく真言と真言の相とを知るにあらず。何をもってのゆえに。因は作者にあらずと説けば、かの果もすなわち不生なり。この因因すらなお空なり。云何《いか》が果あらんや。まさに知るべし、真言の果は悉く因果を離れ

たり」と。

上の文に引く所の「我れ本不生を覚り、乃至因縁を遠離せり」の偈、および「諸法本より不生なり、乃至因業なり、虚空に等し」、かくのごとく等の偈は、みな法然に具足するの義を明かす。

また『金剛頂』にいわく、「自性所成《じしょうしょじょう》の眷属《けんぞく》、金剛手等の十六大菩薩、乃至各各に五億倶《く》胝《てい》の微細法身の金剛を流出す」と。

かくのごとく等の文もまたこれこの義なり。

〈大意〉〔即身成仏の第二頌の第一句〕「〔すべての人は〕あるがままに一切智をそなえており」〔法然に薩般若を具足して〕を説明しよう。『大日経』巻三、転字輪《てんじりん》曼荼羅行品《ぎょうぼん》第八（大正蔵　第一八巻　二二頁中）に述べられている。

「わたしは一切の根源である。世の人々のよりどころと呼ばれる。〔わたしの〕もろもろの教えは比べるものなく、本来寂静であり、〔わたしより〕上にある者はいない」。

「わたし」とは大日如来が自らのことを称している。「一切」とは数に限りのないことを表している。「本初」とは本来、おのずと、このように自由自在にすべてのものの在り方（法）を悟る根源をいう。如来の法身と衆生の本性とは同じようにこの本来寂静のことわりを得ている。しかし、人々は悟らず知ることもない。それゆえ、仏はこのこの道理を説いて衆生に悟らせるのである。

また〔『大日経』巻三、悉地出現品第六（大正蔵　第一八巻　一九頁中）に〕述べられている。「もろもろの因果を〔自分たちの思い通りであってほしいと〕願うかの愚かな者たちは真言〔の本来の意味〕と真言の相（音節・字句など）とを知らない。なぜか。原因は〔ものごとを〕作動させないというならば結果も生まれてはこない。もともとその原因すら空なるものである。どうして結果があろうか。知るべきである。真言の結果はことごとく因果を離れている」と。

これまでに引用した「我れ本不生を覚り、乃至因縁を遠離せり」の偈（二一〇頁、『大日経』巻二、具縁品の一節（大正蔵　第一八巻　九頁中））、および〔「金剛頂経」に属する『三摩地法』（大正蔵　第一八巻　三三一頁上）の〕「諸法本より不生なり、乃至因業なり、虚空に等し（二二一頁）」という、以上に述べた偈も「法然に薩般若を具足して」の意味を明らかにしている。

また「金剛頂経」〔『金剛峯《ぶ》楼閣一切瑜伽瑜祇《ゆがゆぎ》経』（大正蔵　第一八巻　二五四頁上）〕には「〔大日如来の〕自性より成っている従者（眷属）である金剛手等の〔金剛界マンダラの中の〕十六大菩薩おのおのが五億倶胝《くてい》と呼ばれるほどの途方もない数の微細な金剛のような〔堅固な〕法身を流出する」とある。このような経文もまたこの「ありのままの真理を備えている」という意味のことを述べている。

【薩般若】二〇六頁参照。

【大日経】『大日経』巻三、転字輪曼荼羅行品第八（大正蔵　第一八巻　二二頁中）からの引用です。

【因果】『弘法大師全集』第一輯、高野山大学密教文化研究所、一九六五年（復刻三版）および『定本弘法大師全集』（第三巻、高野山大学密教文化研究所、一九九四年）では「因果」とありますが、『大正蔵経』第一八巻　一九頁中）では「因業」とあります（［松長　二〇一九：一六七］参照）。

【金剛頂】『金剛峯《ぶ》楼閣一切瑜《ゆ》伽《が》瑜《ゆ》祇《ぎ》経』（大正蔵　第一八巻　二五四頁上）からの引用です。

【眷属】尊格の従者、取りまきを意味します。

【十六大菩薩】金剛界マンダラでは、中尊の大日を四方から取りまいて四仏（東方に阿閦、南方に宝生、西方に阿弥陀、北方に不空）が並び、四仏それぞれの前右左後に四人の菩薩、つまり十六大菩薩が並びます。（空海が唐から請来した金剛界曼荼羅図では諸尊はすべて正面（マンダラを見る者にとって）を向いていますが（［図４］参照）、インド、ネパールではかの十六人の菩薩は四人ずつ四仏の方を向いています。ここでの前右左後はインド、ネパールでのマンダラの描き方に従っています」。
阿閦如来の前右左後には金剛薩埵《さった》、金剛王、金剛愛、金剛喜《き》の四菩薩が、宝生如来の前右左後には金剛宝、金剛光、金剛幢《どう》、金剛笑《しょう》の四菩薩が、阿弥陀如来の前右左後には金剛法、金剛利、金剛因、金剛語の四菩薩が、不空如来の前右左後には金剛業《ごう》、金剛護、金剛牙《げ》、金剛拳《けん》の四菩薩が並びます。

ここで空海のいう「金剛手」は十六大菩薩の中に入ってはいません。金剛薩埵は図像的には通常、金剛を手に持ちますので、ここでの「金剛手」は金剛薩埵を指しているとも考えられます。

【倶胝《くてい》】コーティ（koṭi）の音写。一〇の七乗を意味するといわれますが、十万、千万、億などの意味にも用いられます。

法然というは諸法自然にかくのごとくなるを顕わす。具足とは成就の義、闕少なきの義なり。薩般若《さはんにや》とは梵語なり。古に薩云《さつうん》というは訛略なり。つぶさには薩羅婆枳孃曩《さらばきじやのう》といい、翻《ほん》じて一切智智《ちち》という。一切智智とは、智は決断簡択の義なり、一切の仏各々五智、三十七智乃至、刹塵の智を具せり。

〈大意〉〔即身成仏の第二頌第一句の〕「あるがまま（法然）」とはもろもろのものが自然にこのように存在していることを表している。「具足して」とは完成しているということであり、欠けたり少ないことのないことを意味する。「薩般若」（サルヴァジュナ）とはサンスクリットである。古くは「薩云《さつうん》」（サッバンニュ）という訛《なま》ったかたちもある。詳しくは薩羅婆枳孃曩といい、翻訳すると「一切智者の智」（一切智智）となる。一切智者の「智」とは決定し選び取るという意味であり、一切の仏の各々が〔五仏の〕五智、〔金剛界マンダラの〕三十七尊、さらには国を砕いて粉にしたほどの多くの智慧を備えているのである。

【法然】ありのままのすがた。

【薩般若】【薩云】即身成仏の第二頌第一句の注参照。

【薩羅婆枳孃曩】「サルヴァ・ジュニャーナ」（sarva-jñāna）の音写とも思われますが、「枳《き》」に相当するサンスクリット音節が何であったかははっきりしません。「サルヴァ・ヴィジュニャーナ」だった可能性もあります。「サルヴァ・ジュニャーナ」の意味は一切智、すなわち、一切（サルヴァ）に関する智（ジュニャーナ）であろうと推定されます。ただ「サルヴァ・ジュニャーナ」というサンスクリット表現はあまり知られていません〔頼富　二〇〇四：一一九〕。

【一切智智】「一切智智」とは「一切に関して知ること（智）の智」ではなく「一切のことを知る

者」（サルヴァ・ジュニャ）の智（ジュニャーナ）を意味すると思われます。「一切智智」という表現は『大日経』住心品に述べられており「是のごとく、一切智智も諸天世人の利益をなす。世尊、是のごとくの智慧は、何をもってか因とし、云何が根とし、云何が究竟とするや」（大正蔵　第一八巻一頁中）とありますが、『大日経』の漢訳からは「一切智智」の意味ははっきりしません。

チベット語訳では「一切智智」に相当する箇所は「一切智者の智」（thams cad mkhyen paï ye shes）となっています（『台北版西蔵大蔵経』第一七巻　三八三頁四葉七行～五葉一行）。『梵漢佛教語大辭典』（嘉豊出版社、台北、二〇一一年）には「サルヴァ・ジュニャーナ・ジュニャーナ」（sarva-jñāna-jñāna, 一切智の智）という語の漢訳は収録されていませんが、「サルヴァ・ジュニャ・ジュニャーナ」（sarva-jña-jñāna, 一切智者の智）の漢訳は多種載せられています。

【五智】二〇七頁参照。

【三十七智】金剛界マンダラの中核を構成する三十七尊それぞれが有する智。三十七尊とは中尊大日如来、大日の四方に坐る四仏、四仏の周りの十六大菩薩および四方の賢劫《げんごう》十六尊を指します（［図4］九重曼荼羅の中央の成身会《じょうじんね》参照）。

そして、即身成仏の第二頌の第二～三句が説明されます。

次の両句はすなわちこの義を表す。もし決断の徳を明かすにはすなわち智をもって名を得。集起を顕わすにはすなわち心をもって称となす。軌持《きじ》を顕わすにはすなわち法門に称を得。十一の名号みな人を離れず。かくのごときの人、数刹塵に過ぎたり。ゆえに一切智智と名づく。顕家《けんか》の一智をもって一切に対してこの号を得るには同じからず。心王とは法界体性智《ほっかいたいしょうち》等なり。心数《しんじゅ》とは多《た》一識《いちしき》なり。「各各五智を具す」とは一一の心王心数に各各これあることを明す。「無際智」とは高広無数の義なり。

〈大意〉次の両句〔すなわち、即身成仏の第二頌第二～三句〕は〔一切智者であるすべてのほとけが智慧を有しているという〕このことを表している。〔一切智者の〕決断という性質（徳）を明らかにするという点からは智（ジュニャーナ）という名で呼ぶのである。「集起」〔すなわち、経験を集め起こすこと〕という側面を顕わにする点からは「心」（チッタ）と名づけている。〔規範を守るという意味の〕「軌持」を顕わすという点からは法（ダルマ、保持するもの）という名で呼ばれている。〔智・心・法という〕それぞれの名称は人を離れてあるわけではない。このような人の数は国をつぶしてできた粉の数より多い。ゆえに、一切智者の智と名づけるのである。顕教（非密教）の者が一つの智慧をもって一切を知るという意味で一切智者の智（一切智智）という語を用いるのとは同じではない。「心王」とは法界体性智等である。「心数」とは多一義心王以外のすべての識である。〔即身成仏の第二頌第三句の〕「それぞれに五智を備えている」（各各五智を具す）とは、それぞれの心と心作用におのおの五智が備わっていることを明らかにしている。「際限の無い智」（無際智）とは、高く広く無数の〔智の存在の〕意味である。

【集起】ここでは集起という語が心と関連づけて考えられています。心がさまざまなことを経験して記憶などを集めたり起こしたりすることが集起の意味と考えられています。集起のサンスクリットとしては動詞√ci（集める）から造られた語が考えられますが、「集められたもの」は「チタ」citaです。しかし、心を意味するサンスクリットは「チッタ」cittaであり、この語は動詞√cit（考える）から作られます。

【執持】保持すること、守ることです。

【顕家】顕教つまり非密教の者という意味です。

【心数】心の作用のことです。

【多一識】『大乗起信論』の注釈である『釈摩訶《しゃくまか》衍論《えんろん》』に説かれる十識中の第九識。多と一というような現象界における差別を知る心をいいます〔頼富　二〇一九：一二二〕〔即身成仏義鈔：九丁左〕。唯識教学では六識（眼・耳・鼻・舌・身〈皮膚〉・意それぞれの識）に第七識（末那《まな》識）および第八識（阿頼耶《あらや》識）を加えた八識によって世界を説明します。真言宗では第九識として多一識（現象界の多様性を知る識）の存在を設定します。これは悟りを得たあとの智（後得智《ごとくち》）と考えられます。また、第一〇識として世界が平等一如であることを知る根本智があると考えられます。

【五智】二〇七頁参照。

それぞれの心と心作用におのおの五智が備わっていることは空海の主張しようとしたことであり、唯識教学と異なる側面です。次には、即身成仏の第二頌第四句が説明されます。

「円鏡力のゆえに実覚智なり」とは、これすなわち所由《しょゆ》を出す。一切の諸仏何によってか覚智の名を得たもう。いわく、一切の色像のことごとく高台の明鏡の中に現ずるがごとく、如来の心鏡もまたかくのごとし。円明の心鏡高く法界の頂に懸って寂にして一切を照らして不《ふ》倒不謬《とうふびゅう》なり。かくのごとくの円鏡いずれの仏にかあらざらん。ゆえに「円鏡力のゆえに実覚智なり」という。

〈大意〉〈即身成仏の第二頌第四句である〉「明らかな鏡のようにすべてを照らし出すゆえ

に真実を覚った者となる」〔円鏡力のゆえに実覚智なり〕というのは、〔即身成仏の〕根拠を示している。すべての仏たちはどのような根拠によって覚った者と呼ばれるのか。それは、すべてのものの映像がことごとく高台にある明鏡の中に映し出されるように、如来の心の鏡もまたそのようである。〔そのような如来の〕丸く明らかな心の鏡が高く法界〔真理そのものである世界〕の頂に懸かって静かに一切を照らして倒れることも謬《あやま》ることもない。このような円鏡がいずれかの仏にないというようなことがあろうか。それゆえに〔即身成仏の第二頌第四句に〕「明らかな鏡のようにすべてを照らし出すゆえに真実を覚った者となる」〔円鏡力のゆえに実覚智なり〕というのである。

一【実覚智】二〇八頁参照。

世界を聖化するということ

これまでわれわれは空海の『即身成仏義』を読んできました。この書の他に空海は『声字実相義《しょうじじっそうぎ》』、『吽字義《うんじぎ》』を著しており、これらの三書は「三部書」と呼ばれています。この三部はそれぞれ身・口・意すなわち身体的、言語および心的な行為を主要なテーマとしています。空海はインド的伝統に従って、まず一人の人間が経験する周囲世界を扱っているのです。一方、『即身成仏義』において見たように、空海は個体の内的経験を超えて外的世界つまり器世間

（自然）を忘れてはいません。

空海によれば、世界形成の基礎である地・水・火・風・空・識（六大）から如来や器世間が「造られ」、さらに器世間は如来の身体でもあるのです。この場合、如来の身体のイメージは人間のすがたを採るもの（アンスロポモルフィック）と考える必要はありません。阿弥陀信仰にあっても、阿弥陀仏は光明でもあり、阿弥陀仏が常に人に似たすがたで考えられるわけではないのと同様です。

では、なぜ器世間あるいはその部分が如来の身体と考えられたのでしょうか。それは世界を如来の身体とすることによって世界を聖化するためであったと考えられます。如来と行者とが一体であることを覚ることが即身成仏でありました。如来と一体であるということは器世間とも一体ということになります。すでに述べたように、器世間つまり自然がどこに向かって進んでいるのかはわれわれには分かりません。自然に目的と呼べるものがあるのか否かもわれわれには分からないのです。草や木が生きていることはむろん空海も意識していたでしょうが、今日われわれが用いているような自然という概念は彼にはなかったでしょう。

それでも空海は、器世間を人間の生活の器でしかないと考えたアビダルマ仏教の思想家たちとは異なっていました。眼の前に繰り広げられる自然の営みはあでやかに踊る如来の遊戯（ラリタ）だったのです。釈迦の伝記『ラリタ・ヴィスタラ』（あでやかな遊戯）において釈迦の修行があでやかなふるまいに譬えられたように。

終章

親鸞と空海を読み直す

人類の生存は宇宙の運動の歴史の中でつい最近生まれた現象であり、自然はこの宇宙の運動の一部でしかありません。その自然が人類の生存の基礎となっていることは確かです。しかし、この新参者の人類つまりヒトは、この地球上の自然の営みを変化させ、あるいは破壊するほどの力を持ってしまいました。

そのような力を持ったのは人類の進化の証《あか》しであると多くの人が主張しています。科学技術の進化かもしれませんが、互いに大規模な殺戮《さつりく》を繰り返し、環境をも自分たちやほかの生物にとっても危険なものへとごく短い期間の間に変えてしまうというようなことを、他の動物は行いません。

さらに憂うべき事態があります。人類には自分の生存のこの基盤をどこまでも支配し作り変える力あるいは権利があると多くの人が信じており、それが人間の本質であると考えていることです。地球上の人類と動物たちの生命を維持していくためには、科学的知識に基づいた高度な生産技術が必要であることは分かります。われわれの寿命が長くなったのは、最新の医療技術によるところが大きいことも否定できません。しかし、人類が今、自分たちの「進化」によって大きな問題を招いてしまっていることも事実なのです。

これまでにも述べたように、現代の諸問題に対して空海や親鸞《しんらん》の著作から具体的な行動指針が得られるとは思えません。空海によれば、地・水・火・風・空といった物質的基礎はマンダラのすがたを採っており、そのすがたは大日如来という「人格神」の身体であります。このような考え方は密教の信仰の原理を述べているとしても、このままでは現代に生きるわれわれに具体的な行動指針とはならないでしょう。空海の思想を現代の歴史的状況の中へと読み直す必要があります。それは必ずしも政治的行動指針としての読み直しを意味しません。政治的でなくとも関わるべき分野は多いのです。

『正信偈《しょうしんげ》』において親鸞は、シャカムニがこの世に生まれたのは阿弥陀仏《あみだぶつ》の本願を明らかにするためであったという立場に立っています。阿弥陀信仰は紀元前後のインドに生まれた、というような歴史的立場ではなく、いわば「神学的（セオロジカル）な」立場に立ったのです。阿弥陀仏という根拠をシャカムニの出生の前に置くということは、信仰の選択として可能でありましょう。阿弥陀仏の本質はすべての生類に対するいつくしみです。阿弥陀仏のそのような働きに対する感謝のあらわれが衆生つまりわれわれの行動と考えることができます。

ただ、空海の場合と同様、親鸞のこのような思想からどのような具体的な行動指針をわれわれが見出《みいだ》すかは、われわれの選択および決断にかかっています。また政治的立場の違いもありますから、親鸞さらには空海の思想が現代の人々に同様の行動指針を示すことはないでしょう。

そうではあるのですが、日本仏教のかの巨人たちから行動の方向を学ぶことは可能と考えてわれわれは彼らの著作を読んできました。

人類と自然

本書の初めの部分で確認したことは、自然に対する考え方でした。われわれが現代において問題にするのは、例外的なケースを除いて、人間の歴史の中に組み入れられた自然でした。もちろん、その自然は外界に実在するものであって、人類の滅亡の後にも存続します。「人間の歴史の中に組み入れられた」とは、実在する自然が人間たちの感覚器官によって捉えられて自然あるいは世界と認識され、人間たちが自分たちの歴史の中で関わってきたものであるという意味です。

大乗仏教は外界は実在しないとしばしば主張してきましたが、今日では外界は実在するものであると認めざるを得ません。われわれは自分たちの感覚器官によって得た情報を再構成した世界のイメージを世界として暮らしているのですが、世界そのものは人類の生存如何《いかん》にかかわらず実在するのです。自然そのものはわれわれには未知のものなのですが、その働きは人類の生存にとって決定的なものです。

アビダルマ仏教において目指すべきことは業と煩悩をなくすことでした。その際、山川草木は修行僧にとっては生活の器（器世間）にすぎず、崇《あが》めるべきものという意味はなく、いわば中立的なものだったのです。しかし、大乗仏教にあっては、眼のまわりの山川草木は単に生活の器ではなくなり、自分たちと同様に縁起の理法によって存在しているかけがえのない貴いものと考えられるようになりました。大乗仏教に理論的モデルを与えた龍樹の『中論』（二四・一八）には「縁起なるものをわれわれは空性《くうしょう》とよぶ。それ（空性）は仮説であり中道である」とあります。仮説とは実際に存在してはいないが言葉によって仮にその存在を知らしめることを意味し、空性に触れて浄化されて蘇《よみがえ》った言葉の世界を指しています。例えば、シャカムニの教えです。

密教の時代においては、空海において見られたように、マンダラというすがたを採って現れる世界は聖なるものです。空海のいうマンダラあるいは世界が人間の歴史の中に組み入れられた、いわゆる山川草木を基礎としていることは自明のことです。

先ほどわたしは人格神という語を用いましたが、わたしは、ペルソナ（人格）を有している尊格という意味で人格神という語を用いています。人格神と衆生との間には交わり、あるいは対話が可能です。阿弥陀信仰における念仏は、阿弥陀仏との対話であり、交わりでもあります。密教においても、例えば、大日から衆生への力の付与（加持）および衆生から大日への帰依が仏との交わりの在り方の一例といえるでしょう。

「聖なるもの」と空思想

かつてキリスト教徒と仏教徒との対話を目指したシンポジウムが京都であり、シンポジウムの始まる前にあるカトリックの司祭と話す機会がありました。わたしが「仏教では、創造主としての神は存在しないが、世界が聖なるものと考えられている」といったところ、すかさずかの司祭は「神のいない仏教にあって世界が聖なるものとどうしていえるのか。聖なるものの根拠は神なのだ」と答えました。わたしは空思想の観点から答えようとしましたが、シンポジウムの始まりの合図があり、その対話はそこで終わりました。

それ以来、わたしはあの時の司祭の言葉をしばしば思い出します。聖なるもの（sacred）が紛らわしい語であることは確かです。「カードーシュ」（聖なるもの）というヘブライ語は聖書学の中では重要な語として考えられてきましたが、仏教やヒンドゥー教においては「カードーシュ」に相当するような語あるいは概念はないでしょう。ただこの百年以上にわたって、宗教哲学、比較宗教学などの分野において「聖なるもの」と「俗なるもの」という対概念がキリスト教のみならず仏教やヒンドゥー教などの他の宗教においても適用可能であるという考え方が生まれてきました。宗教一般の構造が「聖なるもの」と「俗なるもの」という観点から考察できるというのです。もっともその場合の「聖なるもの」という概念は、従来のキリスト教学あるいは聖書学における概念よりもより広い意味となります。伝統的な聖書学の立場からはそのような動向に対しては批判が起きています。さらに「聖なるもの」と「俗なるもの」というキリスト教世界において育った概念はアジアの宗教の分析には不向きだという批判もあります。そうではあるのですが、今日の宗教学では今述べたように「聖なるもの」をより広い意味に理解しようとする傾向が顕著になりつつあるのも事実です。

本書においてわたしは「聖なるもの」という概念を今述べたような広義に用いています。京都のシンポジウムにおけるかのカトリックの司祭は世界の「聖なるもの」である根拠を神だといいましたが、彼はキリスト教と仏教の対話のシンポジウムに来日していたのであり、ほんのわずかな時間の会話の中であのように応えたのですから、聖なるものという概念が対話の中で用いることができると考えるほどには彼はリベラルであったと今は考えています。

京都のシンポジウム直前の会話においてわたしの頭にあったのは「諸法実相」つまり、現前に見られるもろもろのものはそのままで真実である、あるいは現象が本質であるという考え方でした。この考え方は、仏教、特に大乗仏教ではよく知られた考え方です。

世界の存在の根拠を、仏教は世界の創造主としての神に求めません。ブッダは世界の成立をもろもろのものの因果関係（縁起）によって説明しようとしました。その際、そのもろもろのものの発生の根源は無知あるいは迷いであると考えたのです。その無知を滅するならばもろもろのものは滅します。しかし、その滅は人間も世界も存しない虚無ではありません。後世の仏教の歴史にあっては、もろもろのものが一度は滅に導かれ、再び「聖化されて」蘇るという側面が重視されるようになりました。先ほど引用した龍樹の『中論』における仮説の考え方はその一例です。重要なことは、仮説は空性に接した後でのみ可能となることです。「俗なる」凡夫の言葉あるいは在り方は「聖なる」空性を通してのみ「聖化」されるのです。つまり、仏教において世界が「聖なるもの」でありうる根拠は空性です。

空思想はブッダにおける無我説の伝統を受け継いでおり、その後の大乗仏教思想の根幹となってきました。今日、東南アジア諸国に流布しているテーラヴァーダ仏教にあって空思想は大乗仏教におけるようには重要ではありませんが、ブッダの説いた無我思想の伝統は生きています。

空あるいは空性の考え方は、いかなるものも恒常不変の実体を伴っていないと知ることに努力すべきであると主張してきました。もろもろのものが恒常不変の実体ではないという知識も必要なのですが、それにもましてそのような知識を踏まえて行為することがより重要なことです。空思想は自己否定と自己の欲望の制御を訴えています。自己浄化の道が空思想の根本なのです。

われわれの眼のまわりに展開されている世界、つまり、諸法の奥に本質が隠されているのではなく、われわれにはこの諸法しかありません。この世界はかけがえのないものであり、その意味で「聖なるもの」なのです。

われわれの歴史はわれわれが自然等の外界の存在に対して与えた意味の歴史に他ならないとわたしは述べました。外界は存在しないものだという意味ではなく、実在する外界に対してわわれわれはわれわれに許された範囲で認識し、それに対して意味を付してきたのです。問題は今やわれわれの生存を支えてきたかの外界が危機に瀕《ひん》していることをわれわれ人間たちも認識し始めたということなのです。

自己否定による聖化へ

われわれはそのかけがえのない世界あるいは自然の大きな変動を迎えています。そのすべての原因ではないにしても多くの部分は人為のものです。気候変動、水不足、食糧不足、核ゴミ処理など、おそらくこれ以後より大きな困難となると思われる問題ばかりです。劇的な解決策をわたしがここで述べることができるようなことではありませんが、人類が生き延びようとするならば、これまで善とされてきた欲望の達成を制御する方向に舵《かじ》を切る以外にないと思います。

科学技術のさらなる発展によって気候変動、水不足、食糧不足などを解決しようとして、これまで以上に利潤を追求するための企業間の競争を激化させることは正しい方向ではないでしょう。科学技術のさらなる発展が、人間たちがこれまでと同じような貪りを続けなくてもすむような仕掛けを考える方向に向かうことを願うばかりです。現代において自分たちの領土を広げたいというのは人類を破滅に導く貪りです。このようなことも止められない人間の未来は長くありません。

われわれは親鸞の『正信偈』と空海の『即身成仏義』を読んできました。『正信偈』において親鸞が死という超越に阿弥陀仏という尊格をとおして向かい合っているのを見ました。彼にとって阿弥陀仏は世界を超越することによって世界を「外から」浄化する存在でした。その際、親鸞にあって器世間はそれほど重視されませんでした。彼にとって肝心なことは死後の魂の安寧だったからです。彼にとって重要なことは、阿弥陀の本願にかなうためには自己否定を徹底させること、つまり、はからいを捨てることでした。

『即身成仏義』においては六つの構成要素（六大）によって造られたマンダラとしての世界は大日如来の身体でした。空海にあって世界が如来の身体であるとは、世界が聖化されていると考えられていたことを意味しています。この空海の世界に関する考え方は、諸法実相という、大乗仏教におけるスローガンと軌を一にするものでした。空海にとって大日如来は世界に内在し世界の「内から」世界を浄化する存在でした。空海にあっても世界がマンダラであると認識するためには不断の自己否定、つまり、一切のものが空なるものであることを認識することが重要でした。

世界の超越つまり死の観点から世界を見守る阿弥陀と、世界に内在して世界を浄化する大日とは相反する存在ではなくて、両者は共存すべき存在です。わたしはその共存状態を無量光大日如来と名づけています。そして、世界あるいは生を超越するにせよ、世界に留《とど》まるにせよ、われわれの生きていることの証しである行為を聖化するのは自己否定なのです。

おわりに

かつて勤めていた大学にバングラデシュからの大学院留学生が二人いました。彼らは祖国においても長年、テーラヴァーダ仏教の研究をしていた者たちでした。ある日の授業で、アミターバ（阿弥陀仏《あみだぶつ》）の名前を出したところ、彼らはそんな名前は聞いたことがないといいます。「アッラーは有名だから知っているが、アミターバは存在するのか」というのです。わたしは大乗仏教における浄土教の位置から話をして理解してもらおうと努めましたが、駄目でした。

ある時、わたしの義母がボソリといいました。「釈迦《しゃか》と阿弥陀はどう違う。親鸞《しんらん》と阿弥陀は同じか」。わたしは答えることができませんでした。彼女は仏教の歴史について尋ねているわけではなかったのです。阿弥陀とは何者かと問うているのでした。

最近はアメリカの友人と携帯電話のフェイスタイムでときどき話します。彼女は日本文学専攻であり、仏教のこともよく知っています。しかし、クリスチャンである彼女はこと阿弥陀仏の存在根拠についてはわたしの説明には納得しません。キリスト教の神の存在と比べて阿弥陀仏や大日如来の存在根拠があまりに脆弱《ぜいじゃく》に聞こえるようです。キリスト教の神ヤーウェーは世界あるいは宇宙の始まり以前から「ありてあるもの」なのです。これを証明することは極めて困難でしょうが、その否定的証明をすることも不可能です。一方、「阿弥陀仏は恐竜ティラノサウルスの誕生以前にすでに存在した」などということはできません。阿弥陀仏は十劫《じっこう》（宇宙周期）以前に仏になっていると経典にあるから銀河系より古い、といったところであまり意味をなしません。もっとも、ゴータマ・ブッダ以前に阿弥陀仏は存在していたと主張することは、親鸞の教学に見られるように神学的前提としては可能でしょうが。

阿弥陀仏とは何かは、今日の日本さらには中国や韓国における仏教徒にとって難しい問題です。「合理的」に阿弥陀仏の存在根拠が説明されたとしても、そのような説明が阿弥陀信仰に生きている人々にとってはあまり意味を持たないでしょう。しかし、仏教以外の伝統に生きている者たちの方が圧倒的に多い今日では、彼らに対して阿弥陀とは何者であるのかは説明すべきです。また、現代に生きる者が、現代の精神状況の中で阿弥陀仏の、さらには大日如来の存在根拠を考えることは仏教の現代的意義を問う作業の一環となるでしょう。

わたしは大乗仏教の歴史をゴータマ・ブッダ、阿弥陀如来、大日如来という「三人のブッダ」に対する信仰という観点から見ることにしています。この観点については拙著『三人のブッダ』（春秋社、二〇一九年）において述べていますが、本書はその観点をさらに精緻なものに育て上げたいと思います。これらの三人のブッダを考える際のキーワードの一つが「世界」です。それぞれのブッダが世界に対してどのような態度を採っているのかを見ることはそれぞれのブッダの特質を浮き上がらせてくれます。

ゴータマ・ブッダ（釈迦牟尼《むに》）、阿弥陀如来、大日如来の三人のうち、第一のブッダは歴史的存在であり、第二、第三のブッダへの崇拝・信仰の基礎を提供しています。阿弥陀如来は世界を否定・聖化しながら世界を超越しようとします。大日如来は世界に内在しながら、世界を聖化する仏です。このような「三人のブッダ」に関する理解は密教の隆盛を迎えた後の大乗仏教の歴史を総括的に見たものであり、歴史的、文献学的な観点から見たものではありません。わたしが「神学的考察」と名づけるゆえんです。

本書は二〇二一年秋および二〇二二年初夏に行った中日文化センター（名古屋市）における講義に基づいています。また第一～三章は、「生命への意味付けと阿弥陀仏」（『現代と親鸞』四六号、二〇二三年六月、一二六～一五〇頁）に加筆・修正したものです。

本書執筆にあたっては八事山興正寺《やごとさんこうしょうじ》（名古屋市）の蔵書および同寺所蔵の金剛界曼荼羅《こんごうかいまんだら》（元禄一一年画）を八事山仏教文化研究所の活動の一環として使用する機会を得ることができました。また、故中村薫同朋大学教授（養蓮寺、愛知県）の蔵書を利用させていただき、同朋大学非常勤講師藤村潔氏にはいろいろとご助言をいただきました。さらに本書の出版に関してはKADOKAWAの学芸図書編集部、伊集院元郁氏のお世話になりました。ここに記して感謝の意を表します。

二〇二三年秋　　筆者記

参考文献一覧

真聖全：『真宗聖教全書』全五巻、大八木興文堂、一九四一年。
註釈版：『浄土真宗聖典』註釈版、本願寺出版社、二〇〇四年。
大正蔵：『大正新脩大蔵経』第七七巻、大正一切経刊行会、二四二八番、一九一三年。

『弘法大師全集』第一輯、高野山大学密教文化研究所、一九六五年（増補三版）。

『国訳一切経』密教部（一）、大東出版社、一九三一年。

『国訳一切経』経疏部（十四）、大東出版社、一九九九年（改訂版）。

『四曼義』延宝（1673-1681）八事山興正寺文庫、名古屋（二函東山イ、一七）。

『浄土真宗聖典』註釈版、本願寺出版社、二〇〇四年第二版。

『真宗聖教全書』第二巻、大八木興文堂、一九四一年。

『真宗全書』真宗全書註疏部（上）、蔵経書院、一九一五年。

『真宗相伝叢書』第三巻、相承学園真宗教学研究所編、真宗大谷派出版部、一九八一年。

『真宗大系』正信偈大意等、真宗典籍刊行会、一九二〇年。

『親鸞聖人眞蹟集成』第一巻、法藏館、一九七三年。

『即身成仏義鈔』八事山興正寺文庫、名古屋（二函東山イ、二六―一）。

『定本　弘法大師全集』第三巻、高野山大学密教文化研究所、一九九四年。

『定本　親鸞聖人全集』第一巻、親鸞聖人全集刊行会、法藏館、一九六九年。

『仏教大系　教行信証』（第四）、仏教大系刊行会、一九二二年。


アプテ、V・S『梵英辞典』臨川書店復刻版、一九七八年（末尾のApte,Vaman Shivaram参照）。

石田瑞麿『源信　日本思想大系6』岩波書店、一九七〇年。

大原性実『正信偈講讃』永田文昌堂、一九三七年。

小田慈舟『即身成仏義講説』（『十巻章講義』上巻）高野山出版社、一九八四年。

越智淳仁「新校訂チベット文『大日経』（続）」『高野山大学論叢』三二巻、一九九七年、三一～八一頁。

柏原祐義『正信偈講義』無我山房、一九一五年（平楽寺書店、二〇〇二年）。

勝又俊教監修『弘法大師著作全集』（第一巻）「即身成仏義」山喜房佛書林、一九六八年、四二～五八頁。

加藤精一『空海「即身成仏義」「声字実相義」「吽字義」』KADOKAWA、二〇一三年。

金子大栄『正信偈新講』（上・中・下）あそか書林、一九六一～八一年。

鎌田茂雄『中国仏教史』岩波書店、一九七八年。

鎌田茂雄他『大蔵経全解説大事典』雄山閣、一九九八年。

川口高風『尾張高野八事文庫書籍目録』第一書房、一九七八年。

桐渓順忍『正信偈に聞く』教育新潮社、一九六三年。

酒井眞典『酒井眞典著作集』第二巻、法藏館、一九八七年。

櫻部建『倶舎論の研究』法藏館、一九六九年。

島地大等訳「國譯十住毘婆沙論易行品」『國譯大藏經』論部、第五巻所収、國民文庫刊行會、一九二〇年

真宗教団連合・朝日新聞社編『親鸞展　生涯とゆかりの名宝』朝日新聞社、二〇一一年。

曽我量深『正信念仏偈聴記』（『曽我量深選集』第九巻）彌生書房、一九七二年。

多田鼎『正信偈講話』無我山房、一九〇七年。

立川武蔵『ブッダの哲学』法藏館、一九九八年。

立川武蔵『聖なるもの　俗なるもの〈ブッディスト・セオロジーⅠ〉』講談社、二〇〇六年。

立川武蔵『ヨーガと浄土〈ブッディスト・セオロジーⅤ〉』講談社、二〇〇八年
立川武蔵『ヨーガの哲学』講談社、二〇一三年。

立川武蔵『マンダラ観想と密教思想』春秋社、二〇一五年。

立川武蔵『三人のブッダ』春秋社、二〇一九年。

立川武蔵『仏教史』第2巻、西日本出版社、二〇二二年。

立川武蔵編『ネパール密教』春秋社、二〇一五年。

梅尾祥瑞編『梅尾祥雲全集』別巻第二、臨川書店、一九八四年。

内藤知康『聖典読解シリーズ5　正信偈』法藏館、二〇一七年。

中村元『広説　佛教語大辞典』全四巻、東京書籍、二〇〇一年。

八田幸雄『真言事典』平河出版社、一九八五年。

早島鏡正『正信偈をよむ：入門教行信証』日本放送出版協会、一九九五年。

平野修『正信念仏偈の教相』（上・下）法藏館、二〇〇一年。

藤田宏達『浄土三部経の研究』岩波書店、二〇〇七年。

藤田宏達『新訂　梵文和訳無量寿経・阿弥陀経』法藏館、二〇一五年。

ボンヘッファー、D.『ボンヘッファー聖書研究【旧約編】1926–1944』（生原優・畑祐喜・村上伸訳）新教出版社、二〇〇五年。

松長有慶『訳注 即身成仏義』春秋社、二〇一九年。

宮城顗『正信偈講義』（一～五）法藏館、一九九二～九三年。

宮坂宥洪他『智山の真言②　智山伝法院選書16』智山伝法院、二〇一二年。

宮坂宥洪他『智山の真言③　智山伝法院選書17』智山伝法院、二〇一五年。

宮坂宥勝「即身成仏の思想」『宮坂宥勝著作集』第五巻、法藏館、一九九八年、一二一～一五九頁。

ミュラー・チャールズ「インド仏教の中国化における体用論の出現―その概要を論ず」『東アジア仏教学術論集』第五号、東洋大学東洋学研究所、二〇一七年一月、一二五～一九九頁。

横山紘一・廣澤隆之『漢梵蔵対照・瑜伽師地論総索引』三喜房佛書林、一九九六年。

頼富本宏訳注「即身成仏義」『空海コレクション2』（宮坂宥勝監修）筑摩書房、二〇〇四年、七～一二六頁。

林光明・林怡馨・林怡廷編『梵漢佛教語大辭典』（上・中・下）嘉豊出版社、台北、二〇一一年。

『台北版西蔵大蔵経』南天書局、台北、一九九一年。

『北京版西蔵大蔵経』鈴木学術財団、東京、一九五五～六一年。

Apte, Vaman Shivaram. *The Practical Sanskrit-English Dictionary*. Kyoto: Rinsen Book Company, 1978.

Swami Dwarikadas Shastri (ed.). *Abhidharmakośam*. Varanasi: Bauddha Bharati, 1970.

立川武蔵（たちかわ・むさし）
1942年、名古屋生まれ。国立民族学博物館名誉教授。名古屋大学文学部卒業。同大学大学院博士課程中退後、ハーバード大学大学院にてPh.D.取得。文学博士。仏教学とインド学を専門とし、2001年に中村元東方学術賞受賞、08年に紫綬褒章、15年に瑞宝中綬章を受章。『最澄と空海』（角川ソフィア文庫）、『仏教原論』（角川書店）、『三人のブッダ』（春秋社）、『仏教史』全2巻（西日本出版社）など著書多数。

角川選書 665

死《し》と生《せい》の仏教哲学《ぶつきようてつがく》　親鸞《しんらん》と空海《くうかい》を読《よ》む

令和5年3月15日　初版発行

著　者／立川武蔵《たちかわむさし》

発行者／山下直久

発　行／株式会社KADOKAWA
〒102-8177　東京都千代田区富士見2-13-3
電話 0570-002-301（ナビダイヤル）

印刷所／株式会社KADOKAWA

製本所／株式会社KADOKAWA

装　丁／片岡忠彦　　帯デザイン／Zapp!

ISBN 978-4-04-703717-5　C0315

◆◇◇

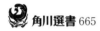

この書物を愛する人たちに

詩人科学者寺田寅彦は、銀座通りに林立する高層建築をたとえて「銀座アルプス」と呼んだ。
戦後日本の経済力は、どの都市にも「銀座アルプス」を造成した。
アルプスのなかに書店を求めて、立ち寄ると、高山植物が美しく花ひらくように、書物が飾られている。

印刷技術の発達もあって、書物は美しく化粧され、通りすがりの人々の眼をひきつけている。
しかし、流行を追っての刊行物は、どれも類型的で、個性がない。
歴史という時間の厚みのなかで、流動する時代のすがたや、不易な生命をみつめてきた先輩たちの発言がある。
また静かに明日を語ろうとする現代人の科白がある。これらも、
銀座アルプスのお花畑のなかでは、雑草のようにまぎれ、人知れず開花するしかないのだろうか。
マス・セールの呼び声で、多量に売り出される書物群のなかにあって、
選ばれた時代の英知の書は、ささやかな「座」を占めることは不可能なのだろうか。
マス・セールの時勢に逆行する少数な刊行物であっても、この書物は耳を傾ける人々には、
飽くことなく語りつづけてくれるだろう。私はそういう書物をつぎつぎと発刊したい。
真に書物を愛する読者や、書店の人々の手で、こうした書物はどのように成育し、開花することだろうか。
私のひそかな祈りである。「一粒の麦もし死なずば」という言葉のように、
こうした書物を、銀座アルプスのお花畑のなかで、一雑草であらしめたくない。

一九六八年九月一日

角川源義